BABYLEICHT

Der praktische Elterngeld und Elternzeit Ratgeber für werdende Mütter und Väter

Alina Herwald

c/o Autorenservice 24
Wenneberg 14
48653 Coesfeld
www.autorenservice24.de

1. Auflage Mai 2021
ISBN: 9798749016727
Imprint: Independently published

INHALT

Einleitung

Der Nachwuchs ist unterwegs und die Vorfreude groß. Spätestens ab diesem Punkt wird euch klar, dass der Chef fragen wird, wie ihr euch die Elternzeit vorgestellt habt, wann fängt überhaupt der Mutterschutz an und wer von uns möchte überhaupt in Elternzeit gehen. Sind Elterngeld und Elternzeit das Gleiche? Was ist mit den Finanzen und kann mein Arbeitgeber mich deswegen kündigen? Diese und viele andere Fragen prasseln auf euch ein. Schnell kann die riesige Freude, eine kleine Version von euch selbst auf die Welt zu bringen, in Panik umschlagen.

Doch das muss nicht sein. Dieser Ratgeber soll euch helfen, Antworten auf eure Fragen zu finden und euch dabei unterstützen, eure Vorfreude zu bewahren und zu steigern. Um euch möglichst praxisnah vorzubereiten, zeigen euch zahlreiche Beispiele, wie ihr Berechnungen zum Elterngeld vornehmen könnt und wo ihr entsprechende Anträge online findet. Zu guter Letzt findet ihr am Ende des Buches eine Sammlung der wichtigsten Internetseiten und einige kompakte Checklisten der zu beachtenden To Do´s.

Mutterschutz & Mutterschaftsgeld

Nachdem du dich entschieden hast, deinen Arbeitgeber über die Schwangerschaft zu informieren, wird das Thema „Mutterschutz“ vermutlich sehr bald auf den Tisch kommen. Das folgende Kapitel beschreibt, was du diesbezüglich alles beachten musst – also welche Rechte du hast, aber auch, welche Pflichten auf dich zukommen.

WAS BEDEUTET MUTTERSCHUTZ?

Der Mutterschutz ist in Deutschland sehr gut gesetzlich geregelt und soll dich als berufstätige Mutter vor, aber auch nach der Geburt vor einer Kündigung schützen. Bereits 1950 wurde in der ehemaligen DDR erstmals ein entsprechendes Gesetz verabschiedet, welches werdende Mütter einige Wochen vor, aber auch nach der Geburt schützen sollte und dies bei vollem Gehaltsbezug. In den Folgejahren wurde das Gesetz stetig angepasst, sodass ab 1958 stillende Mütter zusätzlich ein Stillgeld für sechs Monate erhielten. Außerdem wurden verschiedene finanzielle Hilfen für kinderreiche Familien eingeführt. Die Grundsteine für Eltern- und Kindergeld waren somit gelegt. In den 70ern wurde dann unter anderem das bezahlte Babyjahr eingeführt. Die Bundesrepublik Deutschland benötigte ein paar Jahre länger. In einem ersten Gesetzt wurde der Mutterschutz zeitlich geregelt und ebenfalls festgehalten, dass werdende Mütter keine körperlich schwere Arbeit verrichten durften.

Nacht- und Akkordarbeit waren ebenfalls verboten. Erleichterung verschaffte den Frauen ebenfalls, dass sie in den ersten vier Monaten nach der Geburt unter Kündigungsschutz standen. In den folgenden Jahren wurde auch dieses Gesetz stetig weiterentwickelt und ergänzt, sodass seit 1965 mit Beginn des Mutterschutzes auch ein Krankengeld gezahlt wurde. Kurz nach der deutschen Wiedervereinigung wurde dann 1992 sogar auf europäischer Ebene eine Richtlinie zum Mutterschutz verabschiedet.

Mutterschutz vor und nach der Geburt

Heutzutage darfst du normalerweise sechs Wochen vor dem errechneten Entbindungstermin zu Hause bleiben, aber auch in den acht Wochen danach. Ausnahmen gibt es bei Früh- und Mehrlingsgeburten. In diesen Fällen

darfst du sogar bis zu zwölf Wochen nach der Geburt daheimbleiben und bist dennoch gesetzlich vor einer Kündigung geschützt.
In dieser Zeit besteht ein absolutes Beschäftigungsverbot! Eine Ausnahme besteht bei Schülerinnen und Studentinnen, welche nicht an diese Zeiträume gebunden sind. Zur Errechnung der Frist musst du ein entsprechendes Attest bzw. den Mutterpass vorlegen.

Seit dem 01. September gibt es auch den sogenannten „Frühchenmonat“. Dieser sichert Eltern entweder einen weiteren Monat Basiselterngeld oder zwei weitere Monate ElterngeldPlus zu. Voraussetzung hierbei ist allerdings, dass euer Kind mindestens 6 Wochen vor dem errechneten Geburtstermin zur Welt gekommen ist. Wird das Kind 8 Wochen zu früh geboren, gibt es 2 zusätzliche Elterngeldmonate, bei 12 Wochen drei Monate und bei 16 Wochen vier oder jeweils doppelt so viele ElterngeldPlus-Monate. Auf die Unterschiede zum Basiselterngeld und ElterngeldPlus gehen wir noch im späteren Verlauf dieses Ratgebers ein.

Eine Frühgeburt hat aber nicht nur Einfluss auf das Elterngeld, sondern auch auf deinen Mutterschutz. Neu ist nämlich auch, dass sich der Mutterschutz im Falle einer verfrühten Geburt verlängert. Die Auszeit, die durch die Frühgeburt vorher nicht genommen werden konnte, kann dann nach der Geburt in Anspruch genommen werden. Voraussetzung ist allerdings, dass dein Kind ein Geburtsgewicht von weniger als 2500 Gramm hat oder andere auffällige medizinische Merkmale vorliegen, die vom Arzt bescheinigt werden müssen. Dies kann z.B. die Geburt sechs Wochen vor errechnetem Termin sein.

Ein Beispiel: *Der errechnete Geburtstermin ist der 15. August. Dein Kind kommt aber bereits am 18. Juli zur Welt, also vier Wochen zu früh. Das Gewicht deines Kindes liegt bei 2350 Gramm. Damit liegt die Voraussetzung einer Frühgeburt vor. Diese vier Wochen können somit im Anschluss an die acht Wochen Mutterschutz nach der Geburt genommen werden, sodass du insgesamt zwölf Wochen zu Hause bleiben darfst.*

Weitere Ausnahmeregelungen beim Mutterschutz gibt es in Bezug auf die Geburt eines behinderten Kindes. Falls die Beeinträchtigung nicht schon vor der Geburt bekannt war, kann der Mutterschutz auf Antrag auch im Anschluss noch auf 12 Wochen verlängert werden. Voraussetzung ist, dass die Behinderung während der ersten acht Wochen nach der Geburt ärztlich festgestellt wurde. Auch bei Mehrlingsgeburten darfst du zwölf Wochen zu Hause bleiben.

Wenn sich der errechnete Geburtstermin nach hinten verschiebt, sprich, wenn dein Baby sich in deinem Bauch so wohl fühlt, dass es erst ein paar Tage später zur Welt kommt, verlängert sich der Mutterschutz jedoch nicht.

DEN ARBEITGEBER INFORMIEREN – UND DANN?

Grundsätzlich kann und muss dein Arbeitgeber erst anfangen, dich zu schützen und Vertretungen einzuplanen, wenn er von der Schwangerschaft weiß. Doch wann ist der richtige Zeitpunkt, um das Thema anzusprechen?

Am besten ist es, dass du deinen Chef und die Personalabteilung informierst, sobald du selbst Gewissheit hast. Du bist nicht dazu verpflichtet, diesbezüglich ein Attest vorzulegen. Falls ein solches aber dennoch verlangt wird, muss der Arbeitgeber hierfür die Kosten übernehmen.

Sobald dieser informiert ist, muss er auch die besonderen Vorschriften zu deinem Schutz umsetzen. Unter anderem muss er deine Schwangerschaft nach § 27 Abs. 1 MuSchG auch der zuständigen Aufsichtsbehörde melden. Eine entsprechende Auflistung über die zuständigen Behörden kann über die Internetseite des Bundesfamilienministeriums gefunden werden.

Beschäftigungsverbot und Co.

Weiterhin gilt ein Beschäftigungsverbot für werdende und stillende Mütter in der Zeit von 20 Uhr abends bis 6 Uhr morgens. Außer an Sonn- und Feiertagen darfst du in der verbleibenden Zeit maximal 8,5 Stunden täglich arbeiten. Mehr nicht, Überstunden sind somit komplett ausgeschlossen. Für diejenigen unter euch, die in Teilzeit beschäftigt sind, gilt, dass die vertraglich vereinbarte durchschnittliche Arbeitszeit nicht überschritten werden darf.

Ein Beispiel: *Du hast vertraglich vereinbart, dass du eine durchschnittliche Arbeitszeit von 19,5 Stunden pro Woche hast. Du arbeitest daher montags und donnerstags jeweils 7,5 Stunden und am Freitag 4,5 Stunden. Damit beträgt die wöchentliche Arbeitszeit 19,5 Stunden, was erlaubt ist. Nicht erlaubt ist, dass du am Montag und am Donnerstag jeweils 9 Stunden arbeitest, da du die täglich erlaubte Arbeitszeit von maximal 8,5 Stunden überschreitest.*

Dein Arbeitsplatz muss grundsätzlich so ausgestattet sein, dass keine Gefährdung vorliegt. Wer also überwiegend am PC sitzt, gefährdet sich und das Ungeborene grundsätzlich nicht. Bei einer Tätigkeit, die hauptsächlich im Stehen stattfindet, muss aber die Möglichkeit geschaffen werden, dass du dich immer mal wieder hinsetzen kannst.

Der Arbeitgeber ist außerdem verpflichtet, in einem persönlichen Gespräch eventuelle weitere Schutzmaßnahmen zu besprechen. Im Zweifelsfall ist die Aufsichtsbehörde mit einzubeziehen und steht dir während der Schwangerschaft bei weiteren Fragen zur Seite.

Unabhängig davon, ob du befristet oder unbefristet beschäftigt bist, muss der Arbeitgeber nach § 13 Abs. 1 Nr. 3 MuSchG ein sofortiges Beschäftigungsverbot aussprechen, falls dein Arbeitsplatz grundsätzlich nicht für

Schwangere geeignet ist und keine Schutzmaßnahmen möglich sind. Allerdings kann er dir einen geeigneten Ersatzarbeitsplan anbieten. Viele Frauen in sozialen und pflegerischen Berufen sind davon betroffen, da diese Arbeitsplätze häufig körperlich zu anstrengend sind oder ein zu hohes Infektionsrisiko besteht.

Ein Beispiel: *Du bist Erzieherin in einem Kindergarten und wirst schwanger. Zu Beginn der Schwangerschaft warst du nicht gegen Masern geimpft und hast auch selbst die Krankheit noch nie durchlebt. Hier ist ein sofortiges Beschäftigungsverbot zu erteilen.*

Gut zu wissen: Wirst du bei einer Schwangerschaft direkt ins Beschäftigungsverbot geschickt, dann verfällt dein Urlaubsanspruch nicht. Er wird auch nicht gekürzt. Falls du anschließend in die Elternzeit gehen möchtest, bleibt auch dann dein Urlaubsanspruch bestehen. Selbst dann, wenn dein Vertrag eine Klausel beinhaltet, der beschreibt, dass der Resturlaub im neuen Jahr verfällt, sollte er nicht bis Ende März verbraucht werden. Du kannst ihn beispielsweise bequem an deine Elternzeit anhängen.

Auch Krankenschwestern oder Sozialarbeiterinnen in Positionen, in denen sie mit vielen Menschen in Kontakt kommen und der Gefahr zahlreicher Infektionsmöglichkeiten ausgesetzt sind, zählen zu den Berufsgruppen mit sofortigem Beschäftigungsverbot. Dazu zählen beispielsweise Masern, Röteln, Mumps oder Hepatitis.

Einige Tätigkeiten müssen jedoch nicht zwangsläufig mit einem totalen Beschäftigungsverbot einhergehen. Einschränkungen bei einer Ärztin, wie das Operationsverbot, aber die Erlaubnis, Visiten und Patientengespräche durchzuführen, könnten bereits ausreichen. Ob und inwieweit ein Beschäftigungsverbot erteilt wird, ist letztendlich eine Absprache mit dem Arbeitgeber, eventuell unter Zuhilfenahme der zuständigen Aufsichtsbehörde. Für dich ist es wichtig zu wissen, dass dir keine finanziellen Nachteile entstehen dürfen, auch wenn dir andere Tätigkeiten zugewiesen werden!

Weiterhin kann auch der zuständige Arzt ein Beschäftigungsverbot anordnen. Zwar bist du als werdende Mutter besonders zu schützen, allerdings bist du auch nicht krank. Daher ist es für Ärzte sehr schwierig zu entscheiden, ob ein generelles Beschäftigungsverbot ausgesprochen werden sollte, da dem Arzt in der Regel die genauen Arbeitsbedingungen bekannt sind. Daher wird bei Rückenschmerzen oder Übelkeit meist zunächst eine Arbeitsunfähigkeitsbescheinigung ausgestellt.

Gut zu wissen: Bei Krankheit gilt eine Entgeltfortzahlung von sechs Wochen, danach springt die Krankenkasse ein und zahlt dir ein Krankengeld. Allerdings ist das weniger als dein normales Gehalt, maximal 90 Prozent deines Nettolohnes. Die Einschränkung gilt nicht, wenn du durch das Beschäftigungsverbot

einen Mutterschutzlohn erhältst. Dabei werden die letzten drei Monatsgehälter betrachtet und das durchschnittliche Arbeitsentgelt errechnet.

> ***TIPP!*** *In der Regel gibt es Betriebsärzte, welche sich mit den betrieblichen Gegebenheiten und Möglichkeiten besser auskennen. Nimm am besten Kontakt mit diesem auf, um über ein Beschäftigungsverbot zu sprechen, falls du dies für nötig erachtest.*

Schwangere, frischgebackene Mütter und die Finanzen

Dein Arbeitgeber muss dir zusätzliche, bezahlte Pausen, für die Wahrnehmung von Vorsorgeterminen oder dem Stillen deines Kindes gewähren. Die Zeiten hierfür musst du weder vor- noch nacharbeiten. Wie bereits kurz erwähnt, steht dir ein Mutterschutzlohn zu, falls du deiner Tätigkeit wegen eines Beschäftigungsverbots nicht weiter nachgehen kannst.

Du bekommst dein Gehalt also weiterhin ausgezahlt. Eine Besonderheit entsteht dann, wenn du eine neue Tätigkeit bei einem Arbeitgeber gar nicht erst aufnehmen konntest, aufgrund einer diagnostizierten Risikoschwangerschaft. Auch dann bekommst du den Lohn in voller Höhe. Dein zukünftiger Arbeitgeber muss diesen aber nicht aus eigener Tasche bezahlen. Aufgrund des Umlageverfahrens bekommt er 100 Prozent erstattet. Steuern und andere Abgaben musst du aber dennoch bezahlen.

Neben dem Mutterschutzlohn gibt es noch das Mutterschaftsgeld, welches dir sechs Wochen vor der Geburt sowie acht bis zwölf Wochen nach der Geburt zusteht. Bis zu 13 Euro pro Tag erhältst du dabei von deiner Krankenkasse. Falls du damit nicht auf dein durchschnittliches Nettogehalt kommst, stockt dein Arbeitgeber auf die volle Summe auf. Sämtliche Zuschüsse erhält der Arbeitgeber im Zuge der "U2-Verfahrens" zurück, damit hast du aber nichts zu tun. Für all diejenigen, die monatlich weniger als 390 Euro verdienen, fällt das Mutterschaftsgeld der Krankenkasse entsprechend niedriger aus.

Gut zu wissen: Falls du während der Corona-Pandemie in Kurzarbeit gehen musstest, hat dies keine negativen Auswirkungen auf dein Mutterschaftsgeld.

To Do:

✓ Sieben Wochen vor dem Geburtstermin lässt du dir eine Bescheinigung über den errechneten Geburtstermin von deinem Arzt geben.

✓ Die Bescheinigung muss für die Krankenkasse ausgestellt sein, das steht auf der Bescheinigung drauf.

✓ Um eventuelle Zuschüsse vom Arbeitgeber zu erhalten, benötigst du eine weitere Bescheinigung, ausgestellt für deinen Arbeitgeber.

✓ Beides reichst du den entsprechenden Stellen ein.

✓ Falls du in einem Beschäftigungsverhältnis stehst, aber keiner gesetzlichen Krankenkasse angehörst, musst du einen Antrag beim Bundesamt für Soziale Sicherung stellen. Diesen findest du auf der Internetseite www.bundesamtsozialesicherung.de.

Wenn du nach dem Mutterschutz in Elternzeit gehen möchtest, dann ist dies anderweitig zu beantragen. In den folgenden Kapiteln wird erklärt, wo genau der Unterschied liegt und welche Besonderheiten es gibt. Hier bereits zu erwähnen ist allerdings, dass Mutterschaftsgeld und Elterngeld nicht gleichzeitig ausgezahlt werden, du hast immer nur Anspruch auf eine der beiden Leistungen.

Muss ich Angst vor einer Kündigung haben?

Kurz und knapp: Nein! Während der gesamten Schwangerschaft und vier Monate danach besteht ein Kündigungsschutz. Dieser gilt für ordentliche, probezeitbedingte und fristlose Kündigungen, aber auch für Änderungskündigungen. Voraussetzung ist aber, dass der Arbeitgeber offiziell über deine Schwangerschaft informiert wurde.

Gut zu wissen: Falls der Flurfunk schneller war und dein Arbeitgeber dir kündigt, bevor du selbst die Möglichkeit hattest, ihn zu informieren, so hast du zwei Wochen Zeit, dies nachzuholen. Du musst dann nachweisen, dass du bereits zum Zeitpunkt der

Kündigung schwanger warst. Sinnvoll ist es in diesem Fall, den Nachweis per Einschreiben zu versenden, damit nachgewiesen werden kann, dass die Frist eingehalten wurde.

Natürlich gibt es auch hier Ausnahmen. Der Arbeitgeber darf dich kündigen, wenn dieser insolvent ist, der Betrieb stillgelegt wird oder es sich um eine verhaltensbedingte Kündigung handelt. Egal welcher Grund angegeben wird, die zuständige Aufsichtsbehörde muss die Gründe genaustens prüfen und einer Kündigung zustimmen. Verhaltensbedingte Kündigungen lehnt die Behörde in den allermeisten Fällen ab. Wenn nach dem Mutterschutz die Elternzeit in Anspruch genommen wird, weitet sich der Kündigungsschutz bis zum Ende der Elternzeit aus.

Gut zu wissen: Wenn dein Arbeitgeber dir rechtswidrig kündigt, hast du drei Wochen nach Erhalt des Bescheids Zeit, um eine Kündigungsschutzklage einzureichen. Versäumst du diese Frist, gilt die Kündigung als rechtswirksam.

Zusätzlich gilt für alle Personen, die sich Elternzeit nehmen, dass für sie ein Kündigungsschutz, während der ersten 3 Lebensjahre des Kindes besteht. Der Kündigungsschutz beginnt bereits 8 Wochen vorher, endet aber mit Ablauf der Elternzeit.

Alles rund um Elterngeld & -zeit

Ihr habt euch entschieden, eine Elternzeit zu beantragen – doch wer darf das überhaupt? Dürfen mein Partner und ich gleichzeitig Elternzeit nehmen? Müssen wir dann "den Gürtel enger schnallen", weil wir weniger Einkommen haben – und wie sieht der zeitliche Rahmen aus?

Fragen über Fragen und deswegen werden wir uns im folgenden Kapitel erst mal mit den Rahmenbedingungen beschäftigen und euch einen Gesamtüberblick verschaffen.

WAS IST ELTERNGELD ÜBERHAUPT?

Die Geschichte des Elterngeldes ist relativ überschaubar: Erst seit 2007 werden Eltern finanziell vom Staat unterstützt, wenn sie sich im Anschluss an die Geburt Zeit für die Familie nehmen möchten. Grob gesagt ersetzt der Staat das wegfallende Erwerbseinkommen. Zu unterscheiden sind beim Elterngeld drei Varianten: das Basiselterngeld, das ElterngeldPlus und der Partnerschaftsbonus. Diese Varianten können einzeln oder in Kombination beansprucht werden. Klingt kompliziert? Keine Sorge, wir werden noch genau auf die unterschiedlichen Möglichkeiten eingehen und alles genaustens erklären.

Zwar sind die gesetzlichen Regelungen zum Elterngeld noch sehr jung, dafür werden sie aber stetig weiterentwickelt. Ab dem 01. September 2021 sollen weitere Änderungen in Kraft treten. So wird beispielsweise die wöchentlich erlaubte Arbeitszeit erhöht. Und auch die Regeln beim Partnerschaftsbonus werden vereinfacht.

Zusätzlich soll die Antragstellung erleichtert werden und die Bemessung des Elterngeldes für bestimmte Gruppen verbessert werden. Gemeint sind hier beispielsweise Eltern mit geringen Einkommen aus selbstständigen Tätigkeiten. Da Elterngeld künftig auch besser online beantragt werden kann, sind die Elterngeldstellen in der Lage, die Anträge schneller zu bearbeiten. Außerdem soll es in Zukunft feste kommunale Ansprechpartner geben.

UND WAS IST DANN ELTERNZEIT IM VERGLEICH ZUM ELTERNGELD?

An dieser Stelle soll kurz erläutert werden, wo die Unterschiede zwischen Elterngeld und Elternzeit liegen. Oftmals werden beide Begriffe gleichgesetzt. Sie haben aber nicht viel miteinander gemein. Grundsätzlich soll das Elterngeld finanzielle Einbußen nach der Geburt des Kindes auffangen und zum Teil ausgleichen. Hintergrund ist, dass Familien sich so auf die Erziehung ihres Kindes konzentrieren können, ohne dadurch in einen finanziellen Notstand zu geraten. Wie lange ihr Elterngeld beziehen könnt, erfahrt ihr in den nachfolgenden Kapiteln.

Die Elternzeit meint den zeitlichen Rahmen, auf den ihr einen gesetzlichen Anspruch habt. Diese Zeit könnt ihr gemeinsam mit eurem Kind verbringen und ist bei eurem Arbeitgeber anzumelden und abzusprechen. Die Elternzeit kann wesentlich länger ausfallen als der Anspruch auf Elterngeld. Dabei kann eine komplette Pause eingelegt werden oder über einen abgesprochenen Zeitraum hinweg die Arbeitszeit verringert werden. Das entsprechende Gesetz regelt einen Anspruch auf Elternzeit für 36 Monate. Zu tun haben beide Begrifflichkeiten also nur insofern miteinander, als dass du deine Elternzeit angemeldet haben musst, damit du auch Elterngeld beanspruchen kannst.

Wie kann ich meine Elternzeit aufteilen und welche Fristen gibt es?

Die 36 Monate Elternzeit könnt ihr aufteilen, wie ihr möchtet. Zu beachten ist, dass ihr nicht jeweils 36 Monate Anspruch auf Elternzeit habt, sondern einen gemeinsamen Anspruch von insgesamt 36 Monaten.

12 Monate davon müssen aber während der ersten 3 Lebensjahre eures Kindes genommen werden. Die restlichen 24 Monate könnt ihr euch innerhalb der ersten acht Lebensjahre eures Kindes beliebig aufteilen.

In den ersten 12 Monaten könnt ihr außerdem beide gleichzeitig Elternzeit genießen, müsst aber dann beachten, dass diese Monate quasi doppelt gezählt und dann von den 36 Monaten abgezogen werden.

Obwohl ihr in eurer Gestaltung so frei seid, muss die Elternzeit mit dem Arbeitgeber abgesprochen werden. Wer sich jetzt freut, abwechselnd einen Monat daheimbleiben zu können und einen Monat arbeiten zu gehen, der muss an dieser Stelle aber leider gebremst werden. Üblich ist eine maximale Einteilung der Elternzeit in 3 Abschnitte. Falls ihr mehr benötigt, müsst ihr das mit eurem Arbeitgeber besprechen.

Wenn ihr während eurer Elternzeit weitere Kinder bekommt, steht euch weitere Elternzeit zu. Rein formal kann diese aber erst beantragt werden, wenn die Vorherige beendet ist.

Die Elternzeit muss spätestens sieben Wochen vor dem errechneten Geburtstermin in schriftlicher Form eingereicht werden, falls ab dann auch die Elternzeit gelten soll. Auch wenn die Elternzeit nach der Geburt beginnen soll, gilt eine Frist von sieben Wochen. Wenn ihr euch noch Elternzeit für später aufbewahren möchtet, dann muss der restliche Anspruch nach dem 3. und vor dem 8. Geburtstag spätestens 13 Wochen vor Beginn eingereicht werden.

Bei Adoptivkindern gilt, dass Elternzeit genommen werden kann, von dem Tag an, an dem das Kind in den Haushalt aufgenommen wird.

Ein Beispiel: *Die Geburt deines Kindes ist am 01. September. Du möchtest direkt im Anschluss Elternzeit nehmen, dann musst du mindestens sieben Wochen vorher einen schriftlichen Antrag bei deinem Arbeitgeber stellen. Wenn du erst Elternzeit mit Beginn des 1. Geburtstages nehmen möchtest, dann gelten auch hier sieben Wochen als Frist. Wenn du allerdings zwischen dem 3. und den 8. Geburtstag Elternzeit nehmen möchtest, dann gelten hier 13 Wochen Frist.*

Gut zu wissen: Ab der Zeit, wo ihr euren Antrag auf Elternzeit eingereicht habt, steht ihr unter Kündigungsschutz.

Am besten ist es, zunächst nur die Elternzeit für die ersten zwei Jahre anzumelden. Wie ihr die restliche Zeit einteilen möchtet, könnt ihr auch später noch entscheiden.

Wenn ihr während der Elternzeit zusätzlich noch in Teilzeit arbeiten möchtet, dann muss auch das bestenfalls vorher schriftlich vereinbart werden. Auf diese Weise lauft ihr nicht Gefahr, dass der Arbeitgeber eine spätere Anfrage ablehnt, schließlich muss dieser auch mit eurem Ausfall planen und hat eventuell bereits Ersatz gefunden.

Falls euer Arbeitgeber eure Planung ablehnt, so hat er das schriftlich zu begründen. Hierbei sind nur dringende betriebliche Gründe zulässig. Beispielsweise könnte das der Wegfall eures Arbeitsplatzes sein, unabhängig davon, ob ihr in Elternzeit geht oder auch, dass euer Arbeitsplatz für eine Teilzeitbeschäftigung ungeeignet ist.

Um einen solchen Antrag schriftlich abzulehnen, hat der Arbeitgeber 4 Wochen Zeit, falls ihr vor dem 3. Geburtstag eine Teilzeitbeschäftigung beantragt habt und 8 Wochen ab dem 3. Geburtstag eures Kindes.

Nur in Ausnahmefällen können Anträge auch nachträglich noch verändert werden. Grund hierfür kann eine erneute Schwangerschaft sein. In diesem Fall kann die Elternzeit dahingehen verändert werden, als dass ihr diese frühzeitig beendet, um in den Mutterschutz zu gehen. Der Arbeitgeber muss hierüber zwar informiert werden, seine Zustimmung ist aber nicht erforderlich. Eine Ablehnung hat in diesem Fall ebenfalls schriftlich innerhalb von 4 Wochen und nur aus dringenden betrieblichen Gründen zu erfolgen. Die Elternzeit verfällt nicht.

Weitere Gründe der vorzeitigen Beendigung sind Härtefälle wie Krankheit, Behinderung oder ein schwerer Unfall. Falls die wirtschaftliche Existenz bedroht ist, zählt dies ebenfalls zu Härtefällen. Problematisch bei Härtefällen ist immer die individuelle Entscheidung. Es gibt keine festen Regeln, wann genau der Härtefall eintritt. Ein solcher Antrag will also gut überlegt, belegt und begründet sein.

Der Urlaubsanspruch verfällt während der Elternzeit nicht, sodass dieser auch im Anschluss genommen werden kann.

Besonderheiten bei Beamten, Soldaten und Lehrern

Generell gelten immer die gesetzlichen Bestimmungen auch für die genannten Berufsgruppen. Der Unterschied besteht nur darin, dass die jeweiligen Absprachen mit der Schulbehörde bzw. mit der Dienstbehörde getroffen werden müssen.

Elternzeit für Selbstständige und Gewerbetreibende

Selbstständige und Gewerbetreibende müssen natürlich die Elternzeit mit sich selbst ausmachen und haben in dem Sinne keinen Chef, mit dem Absprachen getroffen werden müssen. Eine schriftliche Erklärung über dein Vorhaben in Bezug auf Elternzeit und Teilzeitbeschäftigung ist letztendlich bei der Elterngeldstelle einzureichen, sofern ihr Elterngeld beantragen möchtet. Eine weitere Vollzeitbeschäftigung ist ausgeschlossen, da es den Voraussetzungen zum Bezug von Elterngeld widerspricht.

Rückkehr an den Arbeitsplatz

Falls es in eurem Arbeitsvertrag nicht anders geregelt ist, könnt ihr nach der Elternzeit wieder an euren Arbeitsplatz zurückkehren. Alle, die während der Elternzeit in Teilzeit beschäftigt waren, können anschließend wieder ihre alten Arbeitszeiten aufnehmen.

Eine Besonderheit bilden befristete Arbeitsverträge, denn diese verlängern sich in der Regel nicht. Ausnahmen gibt es aber bei Auszubildenden, Ärzten und wissenschaftlichen Mitarbeitenden nach dem Wissenschaftszeitvertragsgesetz.

Es könnte also gut sein, dass ihr wegen eurer Befristung nach der Elternzeit arbeitslos seid. Wenn ihr in den letzten zwei Jahren vor Beginn eurer Arbeitslosigkeit mindestens 12 Monate sozialversicherungspflichtig beschäftigt wart, habt ihr im Sinne der Anwartschaftszeit Anspruch auf ALG I. Ist dies nicht der Fall, bekommt ihr ALG II und müsst zum Jobcenter gehen. Die Elternzeit und die Zeit, in der ihr Mutterschaftsgeld erhalten habt, kann zur Anwartschaftszeit hinzugezählt werden. Allerdings ist das nur bei Kindern unter drei Jahren der Fall. Diese Zeiten können nur dann einbezogen werden, wenn ihr direkt zuvor sozialversicherungspflichtig beschäftigt wart.

WER DARF WAS? DIE RECHTLICHEN VORAUSSETZUNGEN BEIM ELTERNGELD

Fangen wir zunächst ganz vorne an, mit der Frage: Dürft ihr überhaupt Elterngeld beantragen? Ob Mutter oder Vater, beide können Elterngeld bekommen, wenn zunächst gewisse Grundvoraussetzungen erfüllt sind:

✓ Ihr betreut und erzieht euer Kind selbst
✓ Ihr lebt mit dem eurem Kind in einem gemeinsamen Haushalt
✓ Ihr seid gar nicht oder maximal 32 Stunden pro Woche erwerbstätig
✓ Euer Wohnsitz befindet sich in Deutschland

Wenn ihr hier bei jedem Punkt einen Haken machen könnt, dann steht eurem Elterngeld kaum noch etwas im Weg. Welcher Tätigkeit ihr vor der Elternzeit nachgegangen seid, ist zweitrangig. Anspruch auf Elterngeld hat somit jeder, der die Anforderungen erfüllt – egal ob ihr in einem Angestelltenverhältnis wart, Beamter oder Beamtin, selbstständig oder erwerbslos. Unterschiede zwischen einem Beamten- oder Angestelltenverhältnis bestehen lediglich in der Berechnung des Elterngeldes, was aber dem grundsätzlichen Verdienst geschuldet ist. Wichtig zu wissen ist, dass ihr nicht nur für euer leibliches Kind eine Elternzeit planen könnt. Eingeschlossen bei den Regelungen sind ebenso Adoptivkinder – selbst dann, wenn das Adoptionsverfahren noch läuft. Vorausgesetzt, das Kind lebt bereits in eurem Haushalt und ist nicht älter als acht Jahre.

Für gleichgeschlechtliche Paare in einer eingetragenen Lebenspartnerschaft gelten ebenfalls die Grundvoraussetzungen des Elterngeldes. Möchtest du Elternzeit für das leibliche Kind deines Ehepartners beantragen, auch wenn du nicht das biologische Elternteil bist? Dann ist das auch kein Problem: Auch hier gelten die gesetzlichen Voraussetzungen.

Gut zu wissen: In besonderen Fällen können auch andere Verwandte eine Elternzeit beantragen, beispielsweise für das Enkelkind, den Neffen, die Nichte, aber auch den Bruder oder die Schwester. Im Einzelfall wird dies geprüft, wenn die Eltern verstorben, schwer erkrankt oder behindert sind.

Eine Ausnahme bilden Pflegekinder, für die ihr kein Elterngeld beantragen könnt. Hier sind aber andere Leistungen über das Jugendamt vorgesehen und auch dort zu beantragen.

Elterngeld für Alleinerziehende

Grundsätzlich müssen auch hier die eingangs erwähnten Punkte abgehakt sein. Darüber hinaus müssen aber zwei weitere Voraussetzungen erfüllt sein, um als alleinerziehend zu gelten.

Zum einem muss der (Ehe-)Partner sowohl von dir als auch von deinem Kind räumlich getrennt leben. Zum anderen musst du auch steuerrechtlich als alleinerziehend gelten. Im Detail bedeutet das, dass du dann den Entlastungsbetrag für Alleinerziehende bekommst. Möglich ist das nur, wenn du nicht mit einer anderen erwachsenen Person über 18 Jahre zusammenlebst. Ausgenommen sind deine Kinder, Pflege-, Stief- oder Enkelkinder.

Manche werden sich fragen, was es mit Wohngemeinschaften auf sich hat. Hier kann es komplizierter werden. Die Elterngeldstelle wird möglicherweise davon ausgehen, dass du in einer Wohngemeinschaft nicht alleinerziehend bist. In diesem Fall kannst du einen Widerspruch einlegen. Allerdings musst du nachweisen, dass es sich hierbei nicht um eine eheähnliche oder lebenspartnerschaftliche Beziehung handelt. Sprich, du musst beweisen, dass du in keiner Haushaltsgemeinschaft lebst. Der Hintergrund ist, dass ansonsten davon ausgegangen wird, dass dein Mitbewohner tatsächlich und finanziell einen Beitrag zu deiner Lebensführung leistet. Beispielsweise durch den gemeinsamen Gebrauch des Kühlschranks und Verbrauch von Lebens- oder auch Reinigungsmitteln.

Gut zu wissen: Das Finanzamt darf dich durchaus besuchen, um deine Angaben zu überprüfen. Es gilt also, streng getrennt zu wirtschaften und dies auch zu dokumentieren.

Elterngeld für getrennt Erziehende

Als getrennt erziehend giltst du, wenn du von deinem Partner getrennt lebst, ihr euch die Betreuung eures Kindes aber aufteilt. Du hast dann ebenfalls einen Anspruch auf Elternzeit und Elterngeld. Allerdings müssen beide Elternteile in einer häuslichen Gemeinschaft mit dem Kind leben. Das ist dann der Fall, wenn dein Kind mindestens während eines Drittels der Zeit bei dir wohnt.

Wenn dein ehemaliger Partner also mindestens ein Drittel der Zeit mit deinem Kind in einer häuslichen Gemeinschaft wohnt und du ebenfalls, habt ihr beide sogar Anspruch auf Elterngeld.

Elterngeld für Lehrer

Ob du verbeamteter oder angestellter Lehrer bist, ist für die Berechnung und den Erhalt von Elterngeld unerheblich. Lediglich die Höhe kann sich, bedingt durch den Verdienst, unterscheiden.

Elterngeld für Soldaten

Natürlich haben auch Soldaten einen gesetzlichen Anspruch auf Elterngeld. Auch für Soldaten gilt, einen schriftlichen Antrag bei der jeweils zuständigen Elterngeldstelle zu stellen.

Elterngeld und ALG I

Diejenigen, die während der 12 Monate des Bemessungszeitraums für das Elterngeld arbeitslos waren, dürfen sich freuen. Für die Berechnung zählen nur die Monate, in denen ihr auch berufstätig wart.

Ein Beispiel: *Du hast in den 12 Monaten Bemessungszeitraum 5 gearbeitet und hast 7 Monate Arbeitslosengeld bezogen. Hier werden dann nur die 5 Monate, in denen du gearbeitet hast, in die Berechnung einbezogen.*

Gut zu wissen: Wenn du länger als 12 Monate arbeitssuchend warst, hast du keinen Anspruch auf Elterngeld, da es sich hierbei um eine Entgeltersatzleistung für Berufstätige handelt.

Für Eltern, die während des Bezugs von Elterngeld ALG I erhalten, wird das Elterngeld dem ALG I angerechnet und dein Arbeitslosengeld verringert sich dementsprechend. Demnach kann dir höchstens ein Betrag von 300 Euro Elterngeld, zusätzlich zum ALG I, ausbezahlt werden.

Gut zu wissen: In diesem besonderen Fall musst du dem Arbeitsmarkt weiterhin zur Verfügung stehen. Das bedeutet, dass die Arbeitsagentur dich also für 15 – 30 Wochenstunden vermitteln darf.

Alternativ kannst du deinen Anspruch auf ALG I aussetzen und somit das volle Elterngeld erhalten. Eine Überlegung dahingehend lohnt sich vor allem für diejenigen, die sich erst kurz vor dem Bezug von Arbeitslosengeld bei der Arbeitsagentur melden mussten. Dein Anspruch verfällt nicht, er wird nur aufgeschoben, für die Zeit nach dem Erhalt des Elterngeldes. Während dieser Zeit bist du krankenversichert.

Das Elterngeld muss auch in diesem Fall ganz normal bei der Elterngeldstelle beantragt werden.

Elterngeld und ALG II

Auch in diesem Fall wird der Anspruch auf Elterngeld mit dem ALG II verrechnet. Dieser Betrag verringert sich somit.

Der maximale Anspruch liegt ebenfalls bei 300 Euro monatlich. Mehr Geld kannst du erhalten, wenn du neben dem Bezug von Hartz IV noch jobben gehst.

Gut zu wissen: Die gleichen Regelungen gelten für all diejenigen unter euch, die zwar vor der Geburt des Kindes noch gearbeitet haben, deren Verdienst jedoch so gering ausfiel, dass sie direkt in den Bezug von ALG II gerutscht sind.

Das Elterngeld muss auch hier ganz normal bei der Elterngeldstelle beantragt werden.

Besonderheiten bei ausländischen Eltern

Hier muss unterschieden werden, ob du aus einem Land kommst, dass dem sogenannten Schengen-Raum angehört (Länder der europäischen Union sowie Island, Liechtenstein, Norwegen und Schweiz) oder nicht.

Im ersten Fall gilt, dass du ein Anrecht auf Elterngeld hast, wenn du in Deutschland wohnst und arbeitest.

Für alle anderen bedeutet das, dass sie entweder im Besitz einer Niederlassungserlaubnis oder einer Erlaubnis zum Daueraufenthalt in der EU sein müssen.

Für Personen mit einer Aufenthaltserlaubnis kann Elterngeld gezahlt werden, wenn sie gleichzeitig eine Arbeitserlaubnis besitzen oder besessen haben. In diesem speziellen Fall ist es sinnvoll, noch einmal separat in der Elterngeldstelle oder der Migrationsberatung vorstellig zu werden.

Ich lebe in Deutschland, aber arbeite im europäischen Nachbarland

Hier wird es etwas komplizierter. Es gibt bestimmt einige unter euch, die in Deutschland leben, aber zum Beispiel in der Schweiz, in Österreich oder auch in den Niederlanden arbeiten. In diesem Fall ist das Elterngeld in dem Land zu beantragen, in dem ihr auch arbeitet. Deutschland ist dabei "nachrangig" in der Zahlung von Geldern. Das ist wichtig zu beachten, denn das bedeutet, dass Deutschland sehr wohl auch Elterngeld zahlen kann – nämlich dann, wenn es in dem Land, in dem du arbeitest, geringer ausfallen würde.

***Ein Beispiel:** Ihr lebt beide in Deutschland, arbeitet aber in den Niederlanden. Also müsst ihr auch dort einen Antrag auf Elterngeld stellen. Nun stellt ihr fest, dass ihr in den Niederlanden weniger Elterngeld bekommt, als wenn ihr in Deutschland arbeiten würdet und es dement–sprechend auch dort beantragt hättet. In dem Fall würde euch Deutschland den Unterschiedsbetrag bezahlen.*

Was wäre aber, wenn nur ein Elternteil in den Niederlanden arbeitet und das andere arbeitslos wäre? Auch dann wären die niederländischen Behörden zuständig, weil ein Elternteil dort sozialversicherungspflichtig beschäftig ist. Wenn beide Elternteile arbeiten gehen, einer in den Niederlanden und einer in Deutschland, dann ist der Wohnort des Kindes ausschlaggebend.

Ein weiteres Beispiel: Du lebst mit deiner Familie in Deutschland und arbeitest auch hier. Dein Partner allerdings arbeitet in der Schweiz. Hier wäre Deutschland für die Zahlung von Elterngeld zuständig, weil ein Elternteil in Deutschland arbeitet und auch das Kind hier lebt.

Elterngeld für Geringverdiener

Leider verdienen nicht alle so gut, dass sie ohne Probleme vom Elterngeld leben könnten. Der Staat möchte hier ein wenig Abhilfe schaffen und hat eine stufenweise Anpassung vorgenommen.

Allen, die ein durchschnittliches Einkommen von weniger als 1000 Euro netto haben, wird das Einkommen bis zu 100 % durch Elterngeld ersetzt. Die sogenannte Ersatzrate wird schrittweise um 0,1 Prozente pro 2 Euro unter 1000 Euro erhöht. Klingt kompliziert? Dann schaut einfach in die Übersichtstabelle in Anhang 1.

Elterngeld für Spitzenverdiener

Bisher lag die Einkommensgrenze bei 500 000 Euro jährlich. Diese wird sich ab September 2021 auf 300 000 Euro verringern. Alle, die mehr verdienen, haben keinen Anspruch auf Elterngeld.

Bei Alleinerziehenden wird sich nichts ändern, da gilt weiterhin die Grenze von 250 000 Euro.

WIE LANGE DARF ICH ELTERNGELD BEZIEHEN?

Zunächst kannst du ab dem Zeitpunkt der Geburt Elterngeld erhalten. Aber bedenke, wie bereits erwähnt, dürfen keine Doppelleistungen beantragt werden. Wenn du also bereits Mutterschaftsgeld für den Zeitraum des Mutterschutzes erhältst, kannst du nicht gleichzeitig auch Elterngeld bekommen.

Elterngeld wird immer monatsweise ausbezahlt, abhängig vom Geburtsdatum deines Kindes. Ist es als am 07. Juli geboren, dann wird das Geld für den Zeitraum 07. Juli bis 06. August überwiesen.

Gut zu wissen: Bei Adoptivkindern zählt nicht das Geburtsdatum, sondern der Tag, an dem das Kind in den Haushalt aufgenommen wurde.

Zwar musst du nicht für jeden Monat das Elterngeld neu beantragen, aber die Voraussetzungen müssen dennoch jeden Monat erfüllt sein, wie zum Beispiel die eine maximale Wochenarbeitszeit von 32 Stunden.

Wenn von Elterngeld die Rede ist, muss dennoch zwischen Basiselterngeld und dem ElterngeldPlus sowie dem Partnerschaftsbonus unterschieden werden.

Positiv ist, dass du jeden Monat neu entscheiden kannst, welche Variante du bekommen möchtest. Eine Ausnahme bildet der Partnerschaftsbonus, hier müssen mindestens 2 Monate am Stück genommen werden.

Wie lange du also Elterngeld bekommst, hängt von der Variante ab, die du wählst.

Das Basiselterngeld

Wenn du alleinerziehend bist oder sich beide an der Betreuung beteiligen wollen und das Elterngeld beantragen, dann steht euch das Basiselterngeld für insgesamt 14 Monate zu.

Ihr könnt euch die 14 Monate aufteilen, wie ihr möchtet, dabei ist nur zu beachten, dass ein Elternteil mindestens 2 Monate nehmen muss und höchsten 12 Monate beanspruchen darf. Dabei ist es völlig unerheblich, in welcher Konstellation ihr lebt, solange die allgemeinen Voraussetzungen für den Erhalt des Elterngeldes erfüllt sind. Hier kann beispielsweise ein Mann unter den gleichen Bedingungen 12 Monate in Elternzeit gehen wie eine Frau oder jeder andere auch.

Falls nur ein Elternteil das Elterngeld beanspruchen möchte, kann dies für höchstens 12 Monate geschehen.

Das Basiselterngeld kannst du nur in den ersten 14 Lebensmonaten deines Kindes beanspruchen. Im Anschluss können aber ElterngeldPlus oder der Partnerschaftsbonus beantragt werden.

Ein Beispiel: *Elternteil I möchte in den ersten drei Monaten nach der Geburt Elterngeld beanspruchen, in den folgenden sechs Monaten möchte Elternteil II Elterngeld beanspruchen, sodass insgesamt neun Monate Anspruch verbraucht sind. Ein Restanspruch von fünf Monaten bleibt, welcher theoretisch erneut von Elternteil I genommen werden könnte.*

Mütter erhalten in den ersten acht Wochen nach der Geburt Mutterschaftsgeld. Diese Zeit gilt als Basiselterngeld-Zeit. Das bedeutet, dass du zwar das volle Mutterschaftsgeld bekommst, allerdings wird dir diese Zeit auf die 12, bzw. 14 Monate angerechnet.

Ein Beispiel: *Du bekommst in Monat 1 und 2 Mutterschaftsgeld. In den Monaten 3 bis 9 erhältst du Basiselterngeld. In den Monaten 10 bis 14 bezieht das andere*

Elternteil Basiselterngeld. Somit sind die 14 Monate voll ausgeschöpft.

Für alle Berufstätigen beträgt die Höhe des Elterngeldes zwischen 65 und 67 % des zuvor erhaltenen Einkommens, maximal jedoch 1800 Euro.

Stehst du in keinem Angestelltenverhältnis und bist auch nicht selbstständig, hast du einen Anspruch in Höhe von 300 Euro Elterngeld, für höchstens 12 Monate.

Bei Bezug von Sozialleistungen kann dies allerdings angerechnet werden. Beim ALG II und der Sozialhilfe gilt das Elterngeld sogar als Einkommen. Die Leistungen werden dementsprechend also gekürzt. Eine Ausnahme bildet aber die vorherige Erwerbstätigkeit. Im Einzelnen bedeutet das, dass, wenn du vor der Geburt deines Kindes erwerbstätig warst, nun aber Sozialleistungen beziehst, dann wird die ein Elterngeldfreibetrag gewährt.

Gut zu wissen: Lag dein Nettoeinkommen unter 1000 Euro, kannst du sogar bis zu 100 % Elterngeld bekommen.

In Familien mit mehreren kleinen Kindern kannst du vom sogenannten Geschwisterbonus profitieren. Zusätzlich zum Elterngeld kannst du dann einen Zuschlag zum Elterngeld von 10 % erhalten. Das sind mindestens 75 Euro bei dem Basiselterngeld. Bei Mehrlingsgeburten kommen sogar nochmal 300 Euro pro Kind obendrauf.

Das ElterngeldPlus

Das ElterngeldPlus könnt ihr doppelt so lange in Anspruch nehmen. Hierbei gilt: ein Monat Basiselterngeld = zwei Monate ElterngeldPlus.

Allerdings bedeutet dies, dass ihr auch nur die Hälfte der Leistungen erhaltet. Sinnvoll ist diese Variante, wenn du gleichzeitig noch in Teilzeit arbeiten gehst. Wie bereits erwähnt, wurde die maximale wöchentliche Arbeitszeit von 30 auf 32 Stunden erhöht und dadurch eine Vier-Tage-Woche möglich. Dadurch können Verluste beim Bezug von Elterngeld ausgeglichen werden, bei doppelt so langem Leistungsanspruch.

Hier gibt es aber zwei Einschränkungen. Zum einem kannst du als Mutter kein ElterngeldPlus beantragen, wenn du Mutterschaftsgeld oder andere Mutterschaftsleistungen bekommst. Denn diese beiden Monate werden als Basiselterngeld gezählt.

Ein Beispiel: *In den Monaten 1 und 2 bezieht die Mutter Mutterschaftsgeld. Im Anschluss nimmt sie weitere Monate Basiselterngeld in Anspruch. Damit sind 4 Monate Basiselterngeld. Es besteht als ein Restanspruch von 10 Monaten für das Basiselterngeld. Nun entscheidet sich das andere Elternteil, diese zehn Monate in 20 Monate ElterngeldPlus umzuwandeln und Teilzeit mit 32 Wochenstunden arbeiten zu gehen.*

Die zweite Einschränkung bezieht sich auf die Zeit nach den 14 Monaten Anspruch auf Basiselterngeld. Demnach kann dann nur noch ausschließlich ElterngeldPlus oder der Partnerschaftsbonus gewählt werden und das auch nur noch ohne Unterbrechung. Zwar könnt ihr euch weiterhin abwechseln, aber ihr dürft keinen Monat pausieren, da dadurch der Anspruch erlischt.

Eine Besonderheit ist, dass beide Elternteile gleichzeitig ElterngeldPlus beziehen können.

Ein Beispiel: *Nach den beiden Monaten Mutterschutz nimmt die Mutter weitere zwei Monate des Basiselterngeldes in Anspruch. Im Anschluss daran beantragt das andere Elternteil zwei Monate Basiselterngeld. Somit sind 6 Monate Anspruch auf das Basiselterngeld verbraucht. Verbleiben also noch 8 Monate Basiselterngeld oder 16 Monate ElterngeldPlus. Nun möchten beide Elternteile diese 16 Monate gleichzeitig nehmen. In diesem Fall müssen die 16 Monate durch zwei geteilt werden, sodass beide 8 Monate gleichzeitig das ElterngeldPlus in Anspruch nehmen können.*

Auch beim ElterngeldPlus kannst du dich auf einen Geschwisterbonus freuen, aber auch hier nur über die Hälfte, also bei 10 % auf maximal 37,50 Euro. Bei Mehrlingsgeburten wird ein Zuschlag von 150 Euro für jedes Kind gezahlt.

Der Partnerschaftsbonus

Wenn du einer Beziehung lebst, in der alles partnerschaftlich aufgeteilt wird, so können du und das andere Elternteil 4 zusätzliche Monate ElterngeldPlus beantragen. Das gilt nicht nur für Paare in einem gemeinsamen Haushalt, sondern auch für Getrenntlebende. Wenn du alleinerziehend bist, dann kannst du die vier Monate auch alleine nutzen. Die Gesetzesänderungen ab September 2021 sehen vor, dass diese 4 Monate Partnerschaftsbonus nicht mehr am Stück genommen werden müssen, sondern flexibel gestaltet werden können. Die Bezugsdauer kann frei zwischen 2 und 4 Monaten gewählt werden. Der Hintergrund bei diesen Änderungen war, dass lediglich knapp 2% der Eltern den Partnerschaftsbonus in Anspruch genommen haben. Die Höhe des Partnerschaftsbonuses ist die Gleiche wie beim ElterngeldPlus.

Ein Beispiel: *In den ersten vier Monaten bezieht die Mutter Basiselterngeld. In den beiden Folgemonaten beansprucht das andere Elternteil Basiselterngeld. Vom 7. bis zum 14. Monat nehmen beide gleichzeitig das ElterngeldPlus in Anspruch. Im Anschluss steigen beide wieder Teilzeit mit 32 Wochenstunden in den Beruf ein und beantragen dafür von Monat 15 bis 18 den Partnerschaftsbonus.*

Voraussetzung dafür ist, dass ihr beide in Teilzeit beschäftigt seid, mit mindestens 25 und höchstens 32 Wochenstunden. Für Alleinerziehende gilt die gleiche

Voraussetzung. Ihr müsst aber nicht akribisch darauf achten, in jeder Woche auf eure Stunden zu kommen. Eine entsprechende monatliche durchschnittliche Arbeitszeit genügt. Dabei werden Überstunden genauso verrechnet wie Minusstunden, Urlaubstage, gesetzliche Feiertage, Krankheitstage oder auch Tage, an denen ihr generell nicht arbeiten müsst. Wie beispielsweise bei einer Vier-Tage- Woche.

Neu ist, dass entsprechende Nachweise über die Arbeitszeit nur noch in Ausnahmefällen vorgelegt werden müssen. So möchte man der Angst entgegenwirken, dass bei einem Verstoß gegen die Voraussetzungen Leistungen wieder zurückgezahlt werden müssen.

Gut zu wissen: Seit dem 01.03.2021 und bis zum 31.12.2021 gilt für Paare, die corona-bedingt nicht wie geplant und gefordert in Teilzeit arbeiten konnten, dass gezahlte Leistungen nicht zurückbezahlt werden müssen.

Gut zu wissen: Falls ihr den Partnerschaftsbonus beansprucht, aber die Voraussetzungen hierfür nicht einhalten könnt, seid ihr erstattungspflichtig und müsst zu viel gezahlte Beträge zurückzahlen. Das gilt auch dann, wenn beide gleichzeitig den Bonus beanspruchen und nur ein Elternteil die Bedingungen einhält. Das kann dann passieren, wenn einer von beiden zusätzliche Überstunden in einem Monat

macht und dadurch auf mehr als 32 wöchentliche Arbeitsstunden kommt. Hier muss dann nicht nur der betroffene Monat zurückgezahlt werden, sondern der gesamte Bezugszeitraum des Partnerschaftsbonuses. Die Vorschriften sind sehr streng, deswegen wendet euch im Zweifelsfall lieber frühzeitig an die Elterngeldstelle.

MIT WIEVIEL ELTERNGELD KANN ICH RECHNEN?

Zunächst gilt es für euch zu klären, wer wann das Kind betreuen möchte. Ist es euch wichtig, nebenbei auch euren beruflichen Weg zu gehen? Dann wäre das ElterngeldPlus eine gute Alternative. Habt ihr euch schon ewig ein Kind gewünscht und möchtet euch vollkommen eurem Nachwuchs widmen? Dann zieht euch zurück und nehmt das Basiselterngeld in Anspruch. Auch ein Mix ist natürlich möglich. Die ersten 12 – 14 Lebensmonate könnt ihr flexibel gestalten und euch ausprobieren. Bedürfnisse und Wünsche ändern sich bekanntlich mit der Zeit.

Doch zumindest für die ersten paar Monate solltet ihr klar haben, was ihr zuerst beantragen möchtet.

In einem zweiten Schritt überlegt ihr, wie viel Einkommen ihr bisher hattet und wie viel ihr mit Elterngeld bekommen würdet. Eine erste Berechnung könnt ihr auf www.familienportal.de durchführen.

Einfluss auf das Elterngeld hat ebenfalls, ob ihr noch andere staatliche Leistungen erhaltet, wie beispielsweise Arbeitslosengeld oder ob ihr mehrere Kinder erwartet. Einen Bonus gibt es außerdem, wenn ihr bereits Kinder habt.

Das Basiselterngeld beträgt in der Regel 65 % von dem Netto-Einkommen, welches du vor der Geburt bezogen hast. Für Eltern mit einem Einkommen unter 1200€ netto werden 67% berechnet. Für Geringverdiener mit einem Einkommen unter 1000€ können sogar bis zu 100 % Prozent angerechnet werden.

Ein Beispiel: *Du hast vor der Geburt deines Kindes 2000 Euro netto monatlich verdient. Nach der Geburt möchtest du möglichst viel Zeit mit deinem Kind verbringen und dir somit eine Auszeit von deinem Job nehmen. Du hast also kein Netto-Einkommen nach der Geburt und beantragst damit Basiselterngeld. Hier kommt es auf den Unterschied von vor der Geburt und nach der Geburt an. Da du vor der Geburt 2000 Euro hattest und anschließend 0 Euro, besteht der ein Unterschied von 2000 Euro. Von diesen 2000 Euro werden dir nun 65 % vom Staat als Elterngeld ausgezahlt. In diesem Fall also 1300 Euro monatlich.*

Gut zu wissen: Das Bundessozialgericht hat entschieden, das jährliche Sonderzahlungen, wie Urlaubsgeld oder Weihnachtsgeld, nicht in die Berechnung des Elterngeldes hineinfließen.

Da nicht jeder von euch 12 – 14 Monate am Stück zu Hause bleiben möchte und kann, gibt es auch die Möglichkeit, in Teilzeit zu arbeiten.

Hierzu ein weiteres Beispiel: *Vor der Geburt hast du 2000 Euro netto verdient und bleibst sechs Monate komplett daheim, mit Bezug von Basiselterngeld. Aus unserem vorherigen Beispiel wissen wir nun, dass du in diesem Fall 1300 Euro erhalten würdest. Nun möchtest du aber nach sechs Monaten wieder in Teilzeit in den Beruf einsteigen und wirst ein zusätzliches Nettoeinkommen von 500 Euro monatlich haben. Jetzt wird zunächst der Einkommensunterschied neu betrachtet. Da die Berechnung in den ersten sechs Monaten auf Grundlage der 2000 Euro erfolgte, werden nun die 500 Euro von den vorherigen Berechnungen abgezogen. Konkret bedeutet das: 2000 Euro – 500 Euro = 1500 Euro. Von diesem Betrag werden erneut 65 % Basiselterngeld ausbezahlt. In diesem Fall als 975 Euro monatlich. Dein neues Einkommen beträgt also 975 Euro Basiselterngeld + 500 Euro Nettogehalt = 1475 Euro monatlich.*

Eigentlich gar nicht so schwierig, oder? Die Berechnung von ElterngeldPlus erfolgt quasi genauso. Der Unterschied liegt lediglich darin, dass das ElterngeldPlus gedeckelt wird, also nur zur Hälfte ausbezahlt wird.

Ein Beispiel: *Wir nehmen erneut unser erstes Beispiel, indem du ein Netto-Einkommen von 2000 Euro hast und dementsprechend 1300 Euro Basiselterngeld. Du möchtest aber nun nicht den Monat voll mit Basiselterngeld anrechnen lassen, sondern lieber ElterngeldPlus beanspruchen. Das bedeutet, dass dir nicht die vollen 1300 Euro ausbezahlt werden, sondern lediglich die Hälfte, also 650 Euro.*

Zwar kannst du in diesem Falls doppelt so lange Leistungen beziehen, allerdings musst du dann auch mit wesentlich weniger Geld auskommen. Richtig interessant wird es dann, wenn du oder ihr beiden Teilzeit arbeiten geht.

Ein Beispiel: *Vor der Geburt hast du ein Netto-Einkommen von 2000 Euro. Nach sechs Monaten möchtest du wieder mit 32 Wochenstunden Teilzeit arbeiten gehen, wirst dann ein Einkommen von 1200 Euro netto haben. Der Einkommensunterschied beträgt demnach 800 Euro. Nach der neuen Berechnung würdest du dann 520 Euro Basiselterngeld erhalten. Dieser Betrag kann in 520 Euro ElterngeldPlus umgewandelt werden. Insgesamt hättest du dann ein Einkommen von 1200 Euro Gehalt + 520 Euro ElterngeldPlus = 1720 Euro.*

ElterngeldPlus kann sich also mehr auszahlen als das reine Basiselterngeld. Zum Vergleich: Nach unserem letzten Beispiel würdest du nach 12 Monaten Basiselterngeld insgesamt 6240 Euro bekommen haben. Falls du aber lieber den Betrag in ElterngeldPlus umwandeln möchtest, hättest du Anspruch auf 24 Monate Elterngeld à 520 Euro. Am Ende macht das 12480 Euro, also doppelt so viel.

Gut zu wissen: Diejenigen unter euch, die in Teilzeit arbeiten und Einkommensersatzleistungen erhalten, wie zum Beispiel Kurzarbeiter- oder Krankengeld, verändert sich die Höhe des Elterngeldes nicht. Das ist neu, denn bis dato hat sich Höhe der Leistungen dadurch reduziert.

Zusätzliches Elterngeld für Geschwisterkinder und bei Mehrlingsgeburten

Vielleicht erwartet ihr gar nicht euer erstes Kind und ihr habt vielleicht bereits andere Kinder, die im Haushalt leben. In diesem Fall könnt ihr einen sogenannten Geschwisterbonus beantragen. Einen Geschwisterbonus bekommt ihr dann, wenn ein weiteres Kind in eurem Haushalt lebt, das noch keine 3 Jahre alt ist oder mindestens noch 2 weitere Kinder bei euch leben, die noch keine 6 Jahre alt sind. Eine Ausnahme bilden behinderte Geschwisterkinder – hier liegt die Grenze bei 14 Jahren. Der Geschwisterbonus beträgt 10% vom Basiselterngeld. Also mindestens 75 Euro monatlich, beim ElterngeldPlus mindestens 37,50 Euro.

Eine weitere Besonderheit besteht bei Adoptivkindern. Hier kommt es nämlich nicht auf das exakte Alter an, sondern auf den Tag, an dem ihr euer Kind in den eigenen Haushalt aufgenommen habt. Die Grenze liegt hier bei dem 14. Lebensjahr – ab dann gibt es keinen Geschwisterbonus mehr.

Damit kann sich auch der Höchst-, beziehungsweise der Mindestbetrag des Elterngeldes erhöhen. Im Detail heißt das, dass sich das Basiselterngeld dann mindestens auf 375,00€ beläuft und höchstens auf 1980€ Das ElterngeldPlus beträgt dann mindestens 187,50€ und höchstens 990€:

Ein Beispiel: *Dein Nettoeinkommen lag vor der Geburt bei 2000€ netto. Nach der Geburt verdienst du nichts in Teilzeit dazu. Das heißt, es besteht ein Einkommensunterschied von 2000€. Das Basiselterngeld würde somit 1300€ betragen. Dein Kind hat aber noch eine ältere Schwester. Sie ist 2 Jahre alt. Du hast somit Anrecht auf einen Geschwisterbonus in Höhe von 130€. Das macht ein gesamt Basiselterngeld von 1430€ monatlich.*

Deckelungsbetrag

Möglicherweise verwirren euch bis hierhin die Beispiele über die Berechnung der unterschiedlichen Elterngeldvarianten. Sicherlich fragt ihr euch, warum dann überhaupt jemand das Basiselterngeld in Anspruch nimmt.

Bei beiden Varianten dürft ihr nebenbei arbeiten gehen und erhaltet weiterhin Elterngeld. Ja, das stimmt zwar, aber möglicherweise kommt ihr in die Deckelung und ab dann gilt es, genau zu rechnen.

Als Deckelungsbetrag wird die Hälfte des euch zustehenden Basiselterngeldes ohne Teilzeitbeschäftigung bezeichnet. Dieser Betrag wird dann als Grundlage für das ElterngeldPlus genommen.

Ein Beispiel: *Dein Einkommen lag vor der Geburt bei 2000 Euro netto. Im Anschluss verdienst du nichts, sodass ein Einkommensdefizit von 2000 Euro monatlich besteht. Ein Basiselterngeld in Höhe von 1300 Euro monatlich würde dir damit zustehen. Falls du nun diene Elternzeit von 12 auf 24 Monate verlängern möchtest, kannst du*

ElterngeldPlus nutzen. Wenn sich deine Elternzeit verdoppelt, wird sich dein Basiselterngeld als Ausgleich halbieren, auf 650 Euro monatlich. Diese 650 Euro werden als Deckelung bezeichnet.

Wenn ihr in Zukunft diese Variante nutzen möchtet, dann ist es sinnvoll, nebenher einer Teilzeitbeschäftigung nachzugehen, da die finanziellen Einbußen enorm sind. Nun fängt das Rechnen an. Das ElterngeldPlus darf nämlich nicht höher ausfallen als die Hälfte des euch normalerweise zustehenden Basiselterngeldes ohne Teilzeitbeschäftigung. Das ist dann die Deckelung in unserem vorherigen Beispiel also 650 Euro.

Ein Beispiel: *Dein Nettoeinkommen beträgt 2000 Euro vor der Geburt. Nach der Geburt gehst du 10 Stunden pro Woche arbeiten und bekommst dafür 500 Euro. Das Basiselterngeld hätte also eine Höhe von 975 Euro und würde dir für 12, bzw. 14 Monate ohne Abzüge zustehen. Nun ist dir diese Zeit zu wenig und du möchtest deine Elternzeit auf 24 Monate verlängern. Kein Problem, du kannst das ElterngeldPlus beantragen. Allerdings hast du dann aber keinen Anspruch mehr auf das volle Basiselterngeld in Höhe von 975 Euro. Deine Deckelung liegt nämlich bei 650 Euro. Du würdest damit also nur 650 Euro erhalten. Zusammen mit deinem Verdienst von 500 Euro wären das also 1150 Euro.*

Unterm Strich würdest du damit also 150 Euro weniger im Portemonnaie haben als ohne ElterngeldPlus. Bei genauerer Betrachtung wirst du aber feststellen, dass du trotzdem mehr bekommst. Du musst nämlich den gesamten Zeitraum betrachten. Bei 12 Monaten vollem Basiselterngeld hättest du am Ende insgesamt 11700 Euro erhalten.

Bei einem Zeitraum von 24 Monaten ElterngeldPlus und einem gedeckelten Betrag von 650 Euro, hätte dir der Staat insgesamt aber 15600 Euro gezahlt. Ihr seht, es lohnt sich, genau zu überlegen, hinzuschauen und nachzurechnen.

Das Maximum an Elterngeld könnt ihr rausholen, wenn:

✓ Ihr euch euren Nettolohn von vor der Geburt genau anschaut.

✓ Euch errechnet, wie viel davon 65 % Basiselterngeld wären.

✓ Davon die Hälfte, als maximales ElterngeldPlus im Hinterkopf behaltet (Deckelungsbetrag)

✓ Rechnet euch aus, wie viel wöchentliche Arbeitszeit ihr benötigt, damit ihr auf einen Einkommensunterschied, von dem 65 % möglichst nahe an euren Deckelungsbetrag rankommt. Dieser darf natürlich keinen Cent höher sein und eure wöchentliche Arbeitszeit darf nicht die 32 Stunden überschreiten.

Sicherlich ist es etwas mühsam und zeitaufwendig hin und her zu rechnen, aber es kann sich lohnen. Denn wer genau rechnet, der kann in Elternzeit über einen Zeitraum von 28 Monaten (mit Partnerschaftsbonus), mit einer Teilzeitbeschäftigung auf fast sein komplettes Nettoeinkommen von vor der Geburt kommen.

Bemessungszeiträume

Bei einem Angestellten werden als Grundlage für die Errechnung des Elterngeldes in der Regel die letzten 12 Monate vor der Geburt betrachtet.

Besonderheiten entstehen bei Selbstständigen, Gewerbetreibenden und Landwirten. Hier wird das letzte Wirtschaftsjahr betrachtet, welches gerade bei Landwirten saisonbedingt abweichen kann. Falls ein solches nicht gesondert festgelegt wurde, gelten auch die letzten 12 Monate vor der Geburt.

Gut zu wissen: Möglicherweise entstehen aber durch schwangerschaftsbedingte Erkrankungen Einkommenseinbußen oder du beziehst bereits Elterngeld für ein älteres Kind. Dies gilt es, der Elterngeldstelle nachzuweisen. Dadurch lässt sich der Bemessungszeitraum verschieben. Das sind dann aber auch die beiden einzigen Gründe, die akzeptiert werden.

Für alle unter euch, die sogenannte Mischeinkünfte haben, wird sich in Zukunft ebenfalls etwas ändern. Ab September 2021 muss nämlich eine Günstigerprüfung stattfinden. Das bedeutet, ihr könnt euch entscheiden, ob ihr bei der Berechnung des Elterngeldes als Angestellter oder als Selbstständiger betrachtet werden wollt. Das gleiche gilt für Angestellte, die Einkünfte aus einem Gewerbe oder landwirtschaftlichen Tätigkeiten haben. Der Unterschied hierbei ist, ob das letzte Kalender- oder das letzte Wirtschaftsjahr als Bemessungsgrundlage genommen wird.

Ein Beispiel: *Du bist hauptberuflich Angestellte, hast aber auch geringfügige Einnahmen aus einer selbstständigen Tätigkeit. Neben deinem normalen Lohn hast du 2021 400€ Einnahmen aus dieser Tätigkeit erhalten. In den Monaten Januar bis März 2022 hast du Einnahmen von 200€. Nun kannst du dich entscheiden, ob für die Berechnung deines Elterngeldes ausschließlich das Kalenderjahr 2021 betrachtet oder das letzte Wirtschaftsjahr zugrunde gelegt wird. Sprich also von April 2021 bis März 2022. Wenn du dich für die Variante des Wirtschaftsjahres entscheidest, dann werden nicht nur die 400€ aus dem letzten Jahr in die Berechnung des Elterngeldes mit einbezogen, sondern ebenfalls die 200€, die du in den Monaten Januar bis März erwirtschaftet hast. Dadurch würde sich dein Elterngeld etwas erhöhen.*

Ihr müsst nun aber nicht loslaufen und alle Einkommensnachweise mühevoll zusammensuchen. In der Regel wird der Berechnung der Steuerbescheid des letzten

Jahres zugrunde gelegt. Wer mitten im Jahr noch keinen entsprechenden Steuerbescheid vorlegen kann, hat die Möglichkeit, einen Vorauszahlungsbescheid, eine Einnahme-Überschuss-Rechnung, eine Bilanz oder den Steuerbescheid des Vorjahrs vorzulegen.

Gut zu wissen: Falls du als Selbstständige eine Schwangerschaft planst, lohnt es sich, ein wenig vorzudenken. Reduziere gewinnminimierende Ausgaben so gut es geht und stelle Rechnungen so, dass sie in das Wirtschaftsjahr fallen, welches als Bemessungsgrundlage dient.

WO UND WANN KANN ICH DIE ANTRÄGE STELLEN?

Das Elterngeld wird bei der Elterngeldstelle beantragt. Unter www.familienportal.de könnt ihr ganz einfach herausfinden, welche Behörde für euch zuständig ist.

Unter Eingabe des Themas Elterngeld und eurer Postleitzahl wird euch dann die Elterngeldstelle angezeigt. Auf der Internetseite eurer jeweiligen Behörde findet ihr dann Informationen zu den Öffnungszeiten, den Kontaktdaten und eine Auflistung der auszufüllenden Anträge. In PDF-Form könnt ihr euch den jeweiligen Antrag herunterladen und am PC ausfüllen. Durch die Vereinbarung eines persönlichen Termins könnt ihr dann die Anträge abgeben oder auch postalisch zusenden. Die Beantragung von Elterngeld online, unter www.elterngeld-digital.de, ist zurzeit nur in wenigen Bundesländern verfügbar. Das Portal soll aber zukünftig weiter ausgebaut werden.

Bisher möglich ist dies in den Bundesländern:
Berlin
Bremen
Hamburg
Rheinland-Pfalz
Sachsen
Thüringen

Die Glücklichen unter euch, die bereits online ihr Elterngeld beantragen können, werden Schritt für Schritt durch die Anträge geführt. Ein regelmäßiger Blick auf die Homepage lohnt sich, denn das Programm wird systematisch weiter ausgebaut. Für alle anderen gilt es, die Internetseiten eurer jeweils zuständigen Behörde zu durchforsten. Von Bundesland zu Bundesland können die Anträge auf Elterngeld dabei unterschiedlich aussehen.

Gut zu wissen: Falls der andere Elternteil ebenfalls einen Anspruch auf Elterngeld hat, muss der Antrag auf Elterngeld auch gemeinsam unterschrieben werden. Dies gilt selbst dann, wenn ihr gemeinsam das Elterngeld beantragt, das andere Elternteil einen eigenen Antrag stellt, oder dieser gar keinen stellen möchte.

WANN IST DER BESTE ZEITPUNKT, UM ELTERNGELD ZU BEANTRAGEN?

Mit der Beantragung des Elterngeldes könnt ihr euch ein wenig Zeit lassen. Generell ist es sowieso erst nach der Geburt eures Kindes möglich. Innerhalb von drei Monaten solltet ihr es aber dennoch geschafft haben, denn solange werden die Leistungen auch rückwirkend gezahlt.

Ein Beispiel: *Euer Kind wird am 20. September geboren. Das Elterngeld beantragt ihr aber erst am 15. November. Das ist kein Problem, denn das Elterngeld wird rückwirkend vom 20. September an gezahlt. Solltet ihr aber ihr aber den Antrag erst am 25. Dezember abgeschickt haben, dann müsst ihr leider auf das Geld vom 20. September bis 19. Oktober verzichten.*

Ausschlaggebend ist das Eingangsdatum des Antrages bei eurer Elterngeldstelle, nicht das Datum auf eurem Antrag.

WELCHEN PAPIERKRAM MUSS ICH VOR UND WELCHEN NACH DER GEBURT REGELN?

Leider besteht der erwartete Zuwachs zur Familie nicht nur aus Vorfreude und Zimmereinrichten. Ihr müsst einiges beachten, um später keine Probleme bei der Elterngeldstelle oder sonstigen Behörden zu bekommen.

✓ Elternzeit: Damit fängt alles an und ist die Voraussetzung dafür, dass ihr später auch Elterngeld beantragen könnt. Spätestens sieben Wochen vor dem geplanten Beginn eurer Elternzeit müsst ihr die schriftlich bei eurem Arbeitgeber beantragen. Darin müsst ihr bereits festgelegt haben, wie ihr die ersten 24 Monate eurer Elternzeit zeitlich gestalten möchtet. Möchtet ihr ab dem 7. Monat wieder Teilzeit in den Job einsteigen? Dann gebt direkt die gewünschte Stundenzahl und Arbeitszeiten mit an. Je besser ihr eure Planung schriftlich festhaltet, desto weniger Komplikationen wird es später geben.

Gut zu wissen: Ist euer Arbeitgeber mit der Planung so einverstanden? Dann lasst euch das auch schriftlich bestätigen. Es ist immer besser, alles in Schriftform vorliegen zu haben. Falls es dann zu Komplikationen oder Missverständnissen kommt, habt ihr einen Beweis in der Hand.

✓ Wenn ihr miteinander verheiratet seid, dann gilt automatisch der Ehepartner auch als Vater des Kindes. Das gilt selbst dann, wenn der Ehepartner gar nicht der biologische Vater ist. Doch was ist, wenn ihr nicht miteinander verheiratet seid? Dann ist es nämlich notwendig, eine Vaterschaftsanerkennung vornehmen zu lassen. Damit müsst ihr nicht bis nach der Geburt warten. Eine Vaterschaft kann bereits während der Schwangerschaft anerkannt werden. Diese kann beim Jugendamt, beim Standesamt, dem Amtsgericht oder bei einem Notar erfolgen. Beim Standesamt und beim Jugendamt kann dies kostenlos vorgenommen werden. Der kürzeste und schnellste Weg führt über das Standesamt. Der Vater des Kindes muss eine Geburtsurkunde oder beglaubigte Abschrift aus dem Familienbuch mitbringen. Zusätzlich benötigen beide Elternteile einen gültigen Reisepass oder Personalausweis.

Bei einer vorgeburtlichen Anerkennung sollte die Mutter ihren Mutterpass mitbringen. Bei einer Nachgeburtlichen wird die Geburtsbescheinigung des Kindes benötigt.

Gut zu wissen: In begründeten Fällen ist es nicht notwendig, dass beide Elternteile gemeinsam die Vaterschaftsanerkennung vornehmen. Gerade bei Getrenntlebenden kann es sein, dass zum Beispiel die Mutter in Köln wohnhaft ist und der Vater in Berlin, weswegen es für ihn schwierig wäre, extra nach Köln zu kommen. In diesen Fällen kann der Vater zu seiner vor Ort zuständigen Behörde gehen, um eine Vaterschaftsanerkennung vornehmen zu lassen. Diese Anerkennung wird dann an die zuständige Behörde

am Wohnort der Mutter gesendet. Dort kann sie dann ihrerseits der Vaterschaft zustimmen.

✓ Was viele unverheiratete Paare nicht wissen, ist, dass eine Vaterschaftsanerkennung oftmals nicht ausreicht. Zusätzlich notwendig ist eine gemeinsame Sorgerechtserklärung. Darin wird schriftlich festgehalten, dass beide Elternteile zu gleichen Anteilen das gemeinsame Sorgerecht ausüben. Diese ist besonders dann wichtig, wenn auch in naher Zukunft keine Hochzeit geplant ist. Hierfür reicht der Gang zum Standesamt allerdings nicht aus, dies kann nur durch das Jugendamt oder durch einen Notar beurkundet werden. Wird eine solche Erklärung nicht abgegeben, so hat die Mutter offiziell das alleinige Sorgerecht.

Gut zu wissen: Da der Notar in der Regel viel Geld für eine solche Beurkundung nimmt, macht es Sinn, eine Sorgerechtserklärung beim Jugendamt abzugeben, da diese kostenlos ist. Gerade in Großstädten sind die Wartezeiten für einen solchen Termin sehr lang und können im schlimmsten Fall mehrere Monate betragen. Dies liegt daran, dass nicht alle Mitarbeiter vom Jugendamt in der Beurkundung solcher Dokumente ausgebildet sind und es deswegen auch nicht dürfen. Am besten ihr ruft frühzeitig beim Jugendamt an und macht einen Termin.

✓ Außerdem solltet ihr euch auch Gedanken darüber machen, wie und wo das Kind zur Welt kommen soll. Von speziellen Geburtshäusern über Hausgeburten und normalen Krankenhäusern gibt es jede Menge Auswahlmöglichkeiten. Entscheidet euch so früh wie möglich, welche ihr in Anspruch nehmen möchtet und nehmt mit einer entsprechenden Einrichtung Kontakt auf, um einen Termin zu vereinbaren. Ein kleiner Tipp: Wenn euer Kind ganz normal im Krankenhaus zur Welt kommen soll, so finden in den meisten Krankenhäusern mit einer Entbindungsstation regelmäßige Termine statt, in denen die Station und der Kreißsaal von euch besichtigt werden können.

✓ Endlich ist der Nachwuchs da und die Behördengänge gehen weiter. Als Nächstes müsst ihr euer Kind beim Standesamt anmelden, um eine Geburtsurkunde zu erhalten. Hört sich einfach an, kann aber zur nervlichen Zerreißprobe werden, wenn ihr euch darauf nicht im Vorfeld vorbereitet habt. Um an eine Geburtsurkunde eures Sprösslings zu kommen, benötigt ihr eine ärztliche Bescheinigung oder Bescheinigung der Hebamme, einen gültigen Personalausweis der Mutter und auch des Vaters sowie eine Heiratsurkunde. Wenn ihr nicht miteinander verheiratet seid, brauchen auch die Eltern ihre eigene Geburts- oder Abstammungsurkunde. Zusätzlich solltet ihr auch die Vaterschaftsanerkennung vorlegen. Ihr seht, es macht also Sinn, vorher einmal zu checken, ob alle Dokumente sicher verwahrt im Schrank liegen.

✓ Wenn ihr nicht offiziell miteinander verheiratet seid, aber eine gemeinsame Sorgerechtserklärung abgegeben habt, dann solltet ihr euch zusätzlich Gedanken darüber machen, wie euer Baby mit Nachnamen heißen soll. Eine Entscheidung muss spätestens einen Monat nach der Geburt erfolgt und beim Standesamt eingetragen sein. Falls es keine gemeinsame Sorgerechtserklärung gibt, dann trägt das Kind automatisch den Familiennamen der Mutter.

✓ Nach der Geburt erfolgt normalerweise automatisch eine Meldung des Standesamtes ans Einwohnermeldeamt. Dennoch macht es Sinn, einmal kurz nachzufragen, ob diese auch stattgefunden hat.

✓ An dieser Stelle ist die Flut an Meldungen aber noch nicht bewältigt. Wichtig ist nämlich auch, dass der Arbeitgeber über den tatsächlichen Geburtstermin informiert wird. Das ist deswegen so wichtig, weil sich daraus die Mutterschutzfrist berechnet.

✓ Nach der Geburt ist das Kind automatisch krankenversichert. Habt ihr eine gemeinsame Familienversicherung bei einer gesetzlichen Krankenkasse, wird der Nachwuchs automatisch kostenlos mitversichert.

Anders sieht es aus, wenn ein Elternteil privat versichert ist. Wenn das privatversicherte Elternteil das höhere Einkommen hat, muss die private Krankenversicherung das Kind ohne Risikoprüfung mit aufnehmen. Das Kind ist dann allerdings beitragspflichtig. Um das Baby bei einer Krankenkasse anzumelden, habt ihr 2 Monate nach der Geburt Zeit. Hierfür muss dann eine Geburtsurkunde vorgelegt werden. Auch wenn eine Anmeldung erst einige Wochen später erfolgt, ist das Baby trotzdem rückwirkend versichert.

DER PAPIERKRAM: WELCHE UNTERLAGEN BRAUCHE ICH FÜR MEIN ELTERNGELD?

✓ Was ihr natürlich immer vorlegen müsst, ist die Geburtsurkunde des Kindes. Da Geburtsurkunden aber häufig nicht von heute auf morgen zu erhalten sind, genügt in der Regel auch zunächst eine Geburtsbescheinigung. Diese bekommt ihr im Krankenhaus oder von eurer Hebamme. Diese Geburtsbescheinigung wird dann an das jeweils zuständige Standesamt übermittelt, welches die Voraussetzungen zur Ausstellung einer Geburtsurkunde prüft. Besonders für ausländische Familien kann dies problematisch sein. Die Voraussetzung für die Ausstellung einer Geburtsurkunde ist die Vorlage der Geburtsurkunde der Eltern des Kindes. Gerade für geflüchtete Familien, die den Anspruch für das Elterngeld erfüllen, stellt dieser Umstand eine große Herausforderung dar. Oftmals besitzen diese aufgrund ihrer plötzlichen Flucht oder der Zerstörung ihres Wohnsitzes im Heimatland keine eigenen Dokumente mehr. In diesen Fällen muss das Standesamt aber zumindest einen Auszug aus dem Geburtenregister bescheinigen, so wie die Zurückstellung der Beurkundung bestätigen, welche extra zur Vorlage bei den jeweiligen Behörden dient.

✓ Im nächsten Schritt muss das bisherige Einkommen nachgewiesen werden. Für die Mutter müssen die Gehaltsabrechnungen der letzten 12 Monate vor dem Mutterschutz vorgelegt werden, für den Vater die letzten 12 Monate vor der Geburt. Wie bereits erwähnt, gelten hier Ausnahmen für Selbstständige, Gewerbetreibende oder für Mitarbeiter der Land- und Forstwirtschaft sowie bei Mischeinkünften.

✓ Nach der Geburt bekommt ihr Mutterschaftsgeld von der Krankenkasse. Wie bereits erwähnt, ist das etwas weniger als euer normales Nettogehalt. Die Differenz gleicht der Arbeitgeber aus. Deswegen braucht ihr für die Beantragung des Elterngeldes sowohl eine Bescheinigung der Krankenkasse als auch von eurem Arbeitgeber.

✓ Falls ihr Beamtin oder Soldatin seid, braucht ihr stattdessen eine Bescheinigung über eure Dienstbezüge während des Mutterschutzes und eine Bescheinigung über die Zuschüsse zu diesen Bezügen der Behörde, bei der ihr arbeitet.

✓ Eine Besonderheit besteht, falls du als Mutter privat krankenversichert bist und eine sogenannte Krankentagegeldversicherung abgeschlossen hast. In diesem Fall benötigst du eine Bescheinigung über den Erhalt von Krankentagegeld während deines Mutterschutzes.

Noch mehr Papierkram, wenn ich nebenbei in Teilzeit arbeiten möchte

Falls ihr während des Bezuges von Elterngeld noch einer Teilzeitbeschäftigung nachgehen möchtet, benötigt ihr noch weitere Bescheinigungen.

✓ Alle, die irgendwo angestellt sind, egal ob einfach angestellt, Beamtin oder Soldatin, müssen Angaben zum voraussichtlichen Einkommen während des Elterngeld-Bezuges machen. Außerdem muss euch der Arbeitgeber eine Bescheinigung über die geplanten Arbeitszeiten ausstellen.

✓ Selbstständige müssen ebenfalls Angaben zu ihrem voraussichtlichen Einkommen machen und zusätzlich eine Erklärung über ihre bisherigen sowie zukünftig geplanten Arbeitszeiten abgeben. Falls ihr eure zukünftigen Arbeitszeiten verringern möchtet, könnte das zu weiteren Fragen der Elterngeldstelle führen. Bereitet euch also darauf vor, dass diese nachfragen könnten, welche Vorkehrungen zu eurer Entlastung getroffen wurden. Gemeint ist hier beispielsweise eine Vertretungsregelung, die Reduzierung von Aufträgen oder auch die Einstellung einer Aushilfe.

Gut zu wissen: Vielleicht haben nicht alle von euch einen guten Draht zu ihrer Arbeitsstelle, deswegen ist es wichtig zu wissen, dass euer Arbeitgeber oder Dienstherr gesetzlich verpflichtet ist, euch alle benötigten Unterlagen auszustellen.

WAS IST, WENN ICH EINEN FEHLER GEMACHT HABE ODER ANGABEN ÄNDERN MÖCHTE?

Da das Elterngeld von Monat zu Monat beantragt wird, ist es kein Problem, Angaben zu ändern. Falls ihr aber eure Anträge nachträglich ändern möchtet, sprich für bereits vergangene Zeiträume, so gelten bestimmte Voraussetzungen.

Grundsätzlich gilt: Was länger als 3 Monate her ist, kann auch nicht mehr rückwirkend geändert werden. Es ist schwer, Angaben für Leistungen zu ändern, die bereits ausgezahlt wurden. In besonderen Härtefällen, wie zum Beispiel einer schweren Erkrankung oder im Sterbefall eines Elternteiles, können jedoch Änderungen vorgenommen werden.

Einfacher ist es, Angaben nachträglich zu ändern, wenn ihr ElterngeldPlus erhaltet. Hier ist es beispielsweise kein Problem, nachträglich das ElterngeldPlus in Basiselterngeld umzuwandeln. Gar kein Problem sind Änderungen für noch nicht ausgezahlte Monate.

Gut zu wissen: Wenn ihr eure Angaben noch nachträglich ändern möchtet, kann das Auswirkungen auf eure Krankenversicherung haben. Es ist also sinnvoll, vorher mit der Krankenkasse zu sprechen.

Egal welche Änderungen ihr vornehmen möchtet, ein spezielles Formular ist nicht notwendig. Ein formloses und einfaches Schreiben, adressiert an die zuständige Elterngeldstelle, reicht in der Regel. Es gibt aber auch Änderungen, die ihr unbedingt schnellstmöglich melden müsst, dazu zählen:

✓ Eine neue Wohnanschrift
✓ Der Auszug des Kindes aus eurem Haushalt
✓ Die Aufnahme einer Arbeit oder auch deren Beendigung
✓ Falls sich etwas an eurer durchschnittlichen Arbeitszeit ändert oder
✓ Sich eure Bankverbindung ändert.

DIESE FEHLER SOLLTE ICH VERMEIDEN

Wenn ihr euch bis hierhin alles gut durchgelesen habt, solltet ihr keine Probleme bei der Beantragung eures Elterngeldes und eurer Elternzeit bekommen. Hier eine kurze Zusammenfassung, welche Fehler ihr vermeiden solltet:

✓ Die Grundlage für den Bezug von Elterngeld ist das Einreichen der Elternzeit. Entscheidet also frühzeitig, spätestens 7 Wochen vor der Geburt, wie ihr die Elternzeit gestalten möchtet.

✓ Der Antrag auf Elterngeld ist von beiden Elternteilen zu stellen. Das bedeutet, der jeweilige Antrag muss auch von beiden Elternteilen unterschrieben sein.

✓ Das Elterngeld kann erst nach der Geburt beantragt werden. Deswegen ist es wichtig, sich bereits vor der Geburt die notwendigen Unterlagen zu besorgen. Hierzu zählen, der Einkommensnachweis, die Bescheinigung der Krankenkasse sowie Bescheinigung des Arbeitgebers. Später auch der Geburtsnachweis.

✓ Macht euch bereits früh Gedanken darüber, ob ihr ElterngeldPlus oder Basiselterngeld beantragen wollt.

✓ Außerdem solltet ihr euch damit befassen, ob und inwieweit ihr den Partnerschaftsbonus in Anspruch nehmen möchtet. Beachtet dabei bitte die besonderen Regelungen.

✓ Elternzeit ist Elternzeit und keine Urlaubszeit. Es ist daher keine gute Idee, anstelle von Elternzeit Urlaub zu nehmen. Es kann vorkommen, dass euer Arbeitgeber euch drängt, den Resturlaub vor oder nach der Geburt eures Kindes zu nehmen. Lasst euch nicht unter Druck setzen. Auch wenn anderes behauptet wird, euer Resturlaub verfällt nicht.

✓ Es gibt noch einen kleinen Trick, den ihr umsetzen könnt, falls ihr verheiratet seid: Sobald ihr den positiven Schwangerschaftstest in den Händen haltet, könnt ihr über einen Wechsel der Steuerklasse nachdenken. Das Elternteil, welches überwiegend die Elternzeit in Anspruch nehmen wird und das damit verbundene Elterngeld, könnte dann in die Steuerklasse 3 wechseln. Der Ehepartner bekommt dann automatisch die Steuerklasse 5. Zwar habt ihr dann in der Schwangerschaft netto etwas weniger Geld zur Verfügung, dies gleicht sich aber mit der Steuererklärung wieder aus. Zu beachten ist, dass der Wechsel der Steuerklasse spätestens 6 Wochen vor der Geburt erfolgt sein muss. Wechselt die Steuerklasse nicht zu früh zurück, sinnvoll ist erst ein Wechsel in dem Monat, in dem der Mutterschutz beginnt.

ELTERNGELD UND DIE CORONA-PANDEMIE

In der Corona-Pandemie sind viele Familien von Kurzarbeit oder Freistellungen betroffen. Die Bundesregierung hat schnell reagiert, um die wirtschaftliche Stabilität von Familien sicherzustellen. Hierzu wurden Sonderreglungen getroffen, die vorerst auch bis zum 31 Dezember 2021 gelten sollen. Hierzu zählen Einkommensersatzleistungen wie das Kurzarbeitergeld oder auch Arbeitslosengeld, welche die Höhe des Elterngeldes nicht beeinflussen. Dies betrifft Eltern, die neben dem Bezug von Elterngeld in Teilzeit gearbeitet haben. Das bedeutet, dass das Elterngeld ganz normal weitergezahlt wird, auch wenn Kurzarbeitergeld bezogen wurde.

Nicht nur Familien, die mitten im Bezug von Elterngeld von der Corona-Pandemie betroffen sind, werden dabei berücksichtigt, sondern auch werdende Eltern. Falls ihr also vor der Geburt eures Kindes pandemiebedingt in die Kurzarbeit geschickt wurdet, so können diese Monate bei der Berechnung eures Elterngeldes ausgeklammert werden.

Eltern, die den Partnerschaftsbonus beziehen, müssen keine Angst davor haben, die damit einhergehenden Voraussetzungen nicht erfüllen zu können. Im Detail bedeutet das, falls ihr die wöchentliche Arbeitszeit nicht einhalten konntet, müsst ihr die Leistungen nicht automatisch zurückzahlen.

Wer in systemrelevanten Berufen arbeitet, muss keine Nachteile befürchten. Die Elterngeldmonate können diesen Fällen bis Juni 2021 aufgeschoben werden.

Weitere finanzielle Hilfen

Neben Elterngeld könnt ihr euch auch über Kindergeld, Baukindergeld sowie Fördermaßnahmen freuen. Letztere sind von Bundesland zu Bundesland unterschiedlich.

KINDERGELD

Das Kindergeld soll die Grundversorgung des Kindes sichern und das mindestens bis zur Vollendung des 18. Lebensjahres. Zunächst erhaltet ihr das Kindergeld für das laufende Kalenderjahr. Das Finanzamt prüft im Zuge der Günstigerprüfung dann automatisch, ob ihr mit dem Kindergeld oder Kinderfreibeträgen bessergestellt seid. Vor allem für Familien, die besser verdienen, kann sich das lohnen.

Kinderfreibetrag

Kinderfreibeträge werden bis zum 18. Lebensjahr angerechnet, in bestimmten Fällen auch bis zur Vollendung des 25. Lebensjahres.

Der Freibetrag steht normalerweise jedem Elternteil zur Hälfte zu. Alleinerziehende können auch den vollen Betrag geltend machen, wenn der andere Elternteil beispielsweise verstorben oder beschränkt steuerpflichtig ist. Dieser Betrag liegt 2021 bei 5460 Euro.

Zusätzlich zum Kinderfreibetrag gibt es noch einen weiteren Freibetrag in Höhen von 2928 Euro, welcher für Betreuungs-, Erziehungs- oder Ausbildungsbedarf gedacht ist. Wird durch das Kindergeld die steuerliche Grenze nicht erreicht, werden diese Freibeträge von eurem Einkommen abgezogen und mit dem Kindergeld verrechnet, das ihr im vergangenen Jahr bekommen habt.

Zwischen dem 18. und dem 25. Lebensjahr können weiterhin Freibeträge geltend gemacht werden, wenn:

- ✓ Das Kind studieren geht oder eine Ausbildung macht.
- ✓ Wenn Leerräume von höchstens 4 Monate zwischen zwei Ausbildungen oder der Ausbildung und Grundwehr-, bzw. Zivildienst entstehen.
- ✓ Wenn das Kind nachweislich keinen Ausbildungsplatz findet oder die Ausbildung nicht fortsetzen kann.
- ✓ Wenn das Kind ein freiwilliges soziales/ökologisches Jahr, den Bundesfreiwilligendienst oder einen internationalen Jugendfreiwilligendienst ableistet.

✓ Wenn sich das Kind im Sinne von § 14b Zivildienstgesetz als Entwicklungshelfer im Ausland befindet.

Gut zu wissen: Für behinderte Kinder, deren Behinderung vor der Vollendung des 25. Lebensjahres aufgetreten ist, gelten die Freibeträge unabhängig vom Alter.

Sobald das Kind volljährig ist, kann ein Sonderbedarf in Höhe von 924 Euro geltend gemacht werden. Dieser Bedarf tritt aber nur dann ein, wenn das Kind nicht mehr bei euch im Haushalt wohnt, ihr aber Kindergeld oder steuerliche Freibeträge bekommt.

Gut zu wissen: Auch für euer Stiefkind könnt ihr Steuerfreibeträge geltend machen, nämlich dann, wenn ihr mit dem leiblichen Elternteil verheiratet seid und das Kind in eurem Haushalt wohnt.

Die Höhe des Kindergeldes

Die Höhe ist gestaffelt und beträgt für das erste und zweite Kind 219 Euro monatlich. Für das dritte Kind gibt es 225 Euro und ab dem vierten 250 Euro.

Für Kinder, die nicht im gleichen Haushalt leben, kann sich das Kindergeld dennoch positiv auswirken, denn sie gelten als sogenannte "Zählkinder".

Ein Beispiel: *Ihr lebt mit euren zwei gemeinsamen Kindern in einem gemeinsamen Haushalt. Für jedes Kind wird euch 219 Euro gezahlt. Damit würdet ihr 438 Euro zusätzlich bekommen. Nun hat einer von euch noch ein Kind, welches in einem anderen Haushalt lebt und für den das betreffende Elternteil auch Kindergeld bekommt. Obwohl bei euch nur zwei Kinder leben, wird das dritte in dem anderen Haushalt dennoch dazu gezählt, sodass ihr Kindergeld für drei Kinder bekommt. Hier also 219 Euro für das erste und 225 Euro für das zweite Kind, macht insgesamt 444 Euro. In diesem Fall wird das Kindergeld bereits für das zweite Kind im eigenen Haushalt erhöht, da das dritte woanders wohnhaft ist.*

Kindergeld bekommt jeder Erziehungsberechtigte – auch Adoptiveltern, die die rechtlichen Voraussetzungen erfüllen:

✓ Ihr müsst deutsche Staatsangehörige sein, die mit ihren Kindern auch in Deutschland leben oder

✓ Ausländische Staatsangehörige, die in Deutschland leben, unter bestimmten Bedingungen

✓ Du hast eine gültige Niederlassungserlaubnis oder eine Erlaubnis zum Daueraufenthalt-EU, eine Blaue Karte EU, eine ICT-Karte, eine Mobiler-ICT-Karte oder du besitzt eine Aufenthaltserlaubnis, mit der du in Deutschland mindestens sechs Monate arbeiten darfst oder

✓ Du bist unanfechtbar als Asylberechtigter anerkannt oder besitzt die volle Flüchtlingseigenschaft.

Unter https://www.arbeitsagentur.de/familie-und-kinder könnt ihr euch weitere Informationen einholen und Anträge online bearbeiten.

Der Kinderzuschlag

Wenn es zum Leben vorne und hinten nicht reicht und auch das Kindergeld nicht ausreicht, dann haben Geringverdiener die Möglichkeit, einen Kinderzuschlag zu beantragen. Ein Bewilligungszeitraum beträgt immer 6 Monate, anschließend muss der Antrag neu gestellt werden. Die Höhe hängt von eurem Einkommen und eurem Vermögen ab. Er wird für jedes Kind einzeln berechnet und liegt bei höchstens 205 Euro monatlich. Dafür muss das Einkommen der letzten 6 Monate vor der Antragstellung nachgewiesen werden. Hierbei handelt es sich nicht nur um Einkommen aus selbstständiger oder sozialversicherungspflichtiger Beschäftigung. Ebenso zählen die Einnahmen aus Kurzarbeitergeld, Arbeitslosengeld, Mutterschaftsgeld, Elterngeld und BaföG dazu.

Folgende Voraussetzungen müssen erfüllt sein:

✓ Ihr bekommt bereits Kindergeld oder vergleichbare Leistungen
✓ Euer Kind ist unter 25 Jahre, nicht verheiratet oder in einer eingetragenen Lebenspartnerschaft.
✓ Euer Bruttoeinkommen liegt bei mindestens 900 Euro oder bei 600 Euro, wenn du alleinerziehend bist.
✓ Ihr hättet genug zum Leben, wenn ihr einen Kinderzuschlag und ggf. Wohngeld erhalten würdet.

Unter https://con.arbeitsagentur.de/prod/kiz/ui/start könnt ihr die Anträge online bearbeiten und beantragen.

DAS BAUKINDERGELD

Das Baukindergeld soll zum Ziel haben, Familien mit Kindern dazu anzuregen bzw. finanziell dabei zu unterstützen, sich ein Eigenheim (sog. Ersterwerb) zu ermöglichen und selbst zu nutzen. Dazu zählen Ein- und Zweifamilienhäuser genauso wie Eigentumswohnungen.

Hintergrund ist die vergleichsweise sehr niedrige Wohneigentumsquote unter Familien mit Kindern. Das Baukindergeld soll die individuelle Finanzierungsbelastung senken.

Die Bedingungen herfür sind:

✓ Mindestens ein Kind unter 18 Jahren muss im eigenen Haushalt leben. Dann gibt es einen Zuschuss von jährlich 1200 Euro pro Kind über einen Zeitraum von zehn Jahren.
✓ Wenn ihr ein Kind habt, darf das maximal zu versteuernde Einkommen 90 000 Euro nicht überschreiten. Für jedes weitere Kind wird die Grenze von 90 000 Euro um 15 000 Euro erhöht.
✓ Neubauten sind nur förderfähig, wenn die Baugenehmigung zwischen dem 01.01.2018 und dem 31.03.2021 erteilt wurde.
✓ Wenn ihr neue oder bestehende Bauten erwerbt, muss der Kaufvertrag notariell zwischen dem 01.01.2018 und dem 31.03.2021 geschlossen worden sein.
✓ Den Antrag könnt ihr auch nach dem Einzug stellen, er muss aber spätestens 6 Monate danach erfolgen. Ausschlaggebend ist dabei das Datum der Ummeldung beim Einwohnermeldeamt.

Ausgeschlossen ist eine Förderung:

– Wenn bereits Wohneigentum vorhanden ist, egal ob selbstgenutzt oder vermietet.
– Auch bei einer Übertragung des Eigentums von Verwandten in gerader Linie, wie beispielsweise eurer Eltern, Großeltern oder Urgroßeltern, wird das Baukindergeld nicht gewährt. Ziel ist nämlich,

zusätzlichen Wohnraum zu schaffen, welches hierdurch verfehlt werden würde.

Das Baukindergeld ist mit anderen KfW Förderprogrammen kombinierbar, wie energieeffizientes Bauen und Sanieren.

So funktioniert es:

1. In die neue Immobilie einziehen, bei der Stadt oder Gemeinde ummelden. Diesen Nachweis benötigt ihr später, um das Einzugsdatum nachzuweisen.

2. Innerhalb der nächsten 6 Monate unter https://www.kfw.de/inlandsfoerderung/Privatpersonen/Bestandsimmobilie/Zuschussportal/Online-Antrag-Baukindergeld/ einen Antrag stellen. Wenn ihr die Immobilie kauft, in der ihr bereits wohnt, dann ist der Antrag ebenfalls innerhalb von 6 Monaten ab Kaufdatum zu stellen. Falls das Kind noch nicht geboren ist, dann wartet bis zur Geburt und schöpft die Sechs-Monate-Frist aus.

3. Gleich nachdem ihr in dem KfW-Portal euren Antrag gestellt habt, erhaltet ihr eine Bestätigung. Diese findet ihr unter "Meine Zuschussanträge". Nun müsst ihr eure Identität nachweisen. Dies geschieht entweder per Video-Identifizierung oder über den PostIdent in einer Filiale der Deutschen Post.

4. Sobald euer Antrag bestätigt wurde, habt ihr 3 Monate Zeit, um alle Nachweise hochzuladen. Dazu zählen Einkommensteuerbescheide, eure Meldebestätigung, euer Grundbuchauszug sowie euer Kaufvertrag bzw. eure Baugenehmigung.

FINANZIELLE HILFE AUFGRUND DER CORONA-PANDEMIE

Aufgrund pandemiebedingter Einschränkungen sieht die Bundesregierung einen einmaligen Kinderbonus in Höhe von 150 Euro pro Kind vor. Dieser Bonus wird mit dem steuerlichen Kinderfreibetrag vergleichbar dem Kindergeld verrechnet und soll im Mai 2021 ausgezahlt werden. Er unterstützt alle, die Kindergeld erhalten und wird automatisch ausgezahlt, sodass ein separater Antrag nicht notwendig ist.

Für Alleinerziehende wird der Entlastungsbetrag für einen Zeitraum für 2020 und 2021 von zurzeit 1.908 Euro auf 4.008 Euro angehoben. Aktuelle und weitreichendere Informationen über die jeweiligen Voraussetzungen erhaltet ihr unter https://www.arbeitsagentur.de/familie-und-kinder/kinderbonus. Da sich diese Informationen im Laufe des Jahres vermutlich noch weiter verändern und angepasst werden, ist es sinnvoll, euch auch regelmäßig auf der genannten Internetseite auf dem Laufenden zu halten.

WOHN-RIESTER

Die Wohn-Riester oder auch "Eigenheimrente" ist ein sehr komplexes Thema. Ich möchte an dieser Stelle direkt erwähnen, dass es mit Sicherheit sinnvoll ist, sich hierzu beispielsweise bei der Verbraucherzentrale beraten zu lassen. Denn oftmals sind die Konditionen wenig durchschaubar oder einfach auch für euch, euer Kind oder eure Bedürfnisse nicht optimal. Grundsätzlich handelt es sich bei dem Wohn-Riester um eine staatliche Förderung zur Finanzierung der eigenen Wohnimmobilie. Der Wohn-Riester basiert auf dem Eigenheimrentengesetz und sieht Zulagen und Förderungen sowie Steuervorteile vor, die den Kauf einer eigenen Immobilie erleichtern sollen. Die höchstmögliche jährliche Grundzulage liegt bei 154 Euro. Um diesen Betrag voll auszuschöpfen, müssen mindestens 4% des jährlichen Bruttoeinkommens in den Bausparvertrag eingezahlt werden. Junge Familien können zusätzlich davon profitieren, indem sie für jedes vor 2008 geborene Kind 185€ und für jedes nach dieser Zeit geborene Kind 300€ jährlich erhalten. Wenn ihr einen Bausparvertrag vor Beendigung des 25. Lebensjahrs abschließt, erhaltet ihr einen einmaligen Bonus in Höhe von 200€.

Obwohl die Förderung staatlich ist, ist es notwendig, genau hinzuschauen, da die Inanspruchnahme meistens mit der jahrzehntelangen Bindung an ein Kreditinstitut verbunden ist.

Grundsätzlich kann aber jeder das Angebot nutzen, egal ob Arbeitnehmer, Beamter, Richter, Soldaten oder Bezieher von Sozialleistungen. Wichtig ist nur, dass mindestens ein Elternteil gesetzlich rentenversichert ist.

Es gibt drei unterschiedliche Varianten des Wohn-Riesters:

1. Das Annuitätendarlehen kann in Anspruch genommen werden, wenn ihr eine Immobilie kauft und die zu zahlenden Raten aus Tilgung und Zinsen bestehen. Der Zinssatz ist dabei für eine vereinbarte Zeit festgeschrieben, beispielsweise für zehn Jahre. Die Tilgungsrate nimmt dabei von Monat zu Monat zu. Das liegt daran, dass die Zinsen auf eine immer geringere Tilgungssumme berechnet wird.

2. Die Bausparkombifinanzierung beschreibt eine Art Kombination aus Annuitätendarlehen und dem reinen Bausparvertrag. Auch bei dieser Variante wird gegenwärtig eine Immobilie erworben und ein sogenanntes Vorausdarlehen mit einem festgeschriebenen Zinssatz vereinbart. Der Unterschied zur ersten Variante liegt darin, dass hier nur die Zinsen monatlich gezahlt werden und keinerlei Tilgung. Dafür wird aber parallel in einen Bausparvertrag eingezahlt. Nach der vereinbarten Vertragslaufzeit löst dieser Bausparvertrag dann das komplette Vorausdarlehen ab.

Die weitere Finanzierung erfolgt dann auf Grundlage eines normalen Darlehens.

3. Der reine Bausparvertrag ermöglicht die spätere Erfüllung der eigenen Immobilie und spart dafür Eigenkapital an. Wenn die Vertragslaufzeit abgelaufen ist, kann das angesparte Kapital für den Immobilienkauf genutzt werden und gleichzeitig auch ein zinsgünstiges Darlehen in Anspruch genommen werden.

FÖRDERMAßNAHMEN VON LÄNDERN UND KOMMUNEN

Neben den bereits erwähnten Möglichkeiten, an staatlichen Unterstützungsmöglichkeiten auf Bundesebene zu gelangen, bieten die einzelnen Bundesländer und Kommunen eigene Fördertöpfe, um junge Familien zu unterstützen. Auf der Internetseite https://www.bauemotion.de/foerdermittel/ könnt ihr eure Wünsche und euren Wohnort angeben und erhaltet dann eine Auflistung der örtlich möglichen Fördermöglichkeiten. Meist sind das Vergünstigen in Bezug auf Darlehen.

BUNDESSTIFTUNG MUTTER UND KIND

Sehr unkompliziert können Mittel der Bundesstiftung Mutter und Kind in Anspruch genommen werden. Das lohnt sich vor allem für Familien, die wirklich sehr wenig Geld zur Verfügung haben. In der örtlichen Schwangerenberatungsstelle kann diesbezüglich ein Antrag gestellt werden. Dabei kann ein einmaliger, kleiner finanzieller Zuschuss vor der Geburt sowie im Anschluss erneut beantragt werden. Unter https://www.bundesstiftung-mutter-und-kind.de/ erhaltet ihr weitere Infos und unter https://www.dajeb.de/beratungsfuehrer-online/beratung-in-ihrer-naehe/ findet ihr die jeweils zuständige Beratungsstelle. Wichtig ist nur, dass ihr einen Mutterpass mitbringt und den ersten Antrag vor der Geburt stellt. Anschließend ist es nicht mehr möglich. Für Zwillinge oder Mehrlingsgeburten ist sogar etwas mehr Geld drin.

Gut zu wissen: Diese Bundesmittel sind begrenzt, wenn der Topf leer ist, dann ist er leer und wird erst im kommenden Jahr neu aufgefüllt. Gerade in Großstädten geht das schnell. Deshalb macht es Sinn, möglichst früh einen Antrag zu stellen.

Finanzcheck & Co.

ELTERNGELD UND STEUERN

Das Elterngeld ist steuerfrei und wird von der Elterngeldstelle ohne steuerliche Abzüge überwiesen. Allerdings unterliegt es dem sogenannten Progressionsvorbehalt. Hierbei handelt es sich um einen Berechnungsvorgang in der Einkommenssteuerermittlung. Steuerfreie Leistungen erhöhen somit indirekt den Steuersatz auf steuerpflichtige Einkünfte.

Ein Beispiel: *Euer steuerpflichtiges Einkommen im Jahr 2021 beträgt 50 000 Euro. Der Steuersatz liegt bei beispielsweise 25 % und die Einkommenssteuer somit bei 12 300 Euro. Beim Progressionsvorbehalt prüft nun das Finanzamt, welche Progressionsleistungen ihr für das Steuerjahr erhalten habt. Dazu zählen neben dem Elterngeld auch das Mutterschaftsgeld, Krankengeld oder sonstige Sozialleistungen, wie etwa ALG I. Wenn wir von 10 000*

Euro Elterngeld ausgehen, ergibt sich ein fiktives Einkommen in Höhe von 60 000 Euro. Der Steuersatz wäre dann bei 27 % und wird aber nur auf das tatsächliche Einkommen, also auf die 50 000 Euro angewendet. Ihr zahlt dann also keine 12 300 Euro Steuern, sondern 13 500 Euro.

Bei eurer Steuererklärung sind die Zahlungen aus den steuerfreien Einkünften in Zeile 38 des Mantelbogens der Steuererklärung einzutragen. Die Zahlungen werden von der Elterngeldstelle bereits elektronisch übermittelt. Falls ihr also bereits Elster nutzt, um eure Steuererklärung online abzugeben, ist dieser Betrag bereits vorausgefüllt.

Die Fakten auf einen Blick:

✓ Jeder, der mehr als 410 Euro Elterngeld im Kalenderjahr bekommt, muss eine Steuererklärung abgeben
✓ Zwar sind Elterngeld, Mutterschaftsgeld und Krankengeld steuerfrei, jedoch unterliegen sie dem Progressionsvorbehalt
✓ Einzutragen ist der Betrag in Zeile 38 des Mantelbogens
✓ Die Elterngeldstelle übermittelt den erhaltenen Betrag elektronisch an das zuständige Finanzamt

Wie vermeide ich Nachzahlungen bei der Steuer?

Ob ihr Steuern nachzahlen müsst oder nicht, hängt davon ab, wie viel Steuern ihr für das letzte Kalenderjahr vorausgezahlt habt. Dabei gibt es verschiedene Varianten, die Bekanntesten sind:

✓ Die Lohnsteuer für Angestellte, Beamte etc.
✓ Die quartalsweise Einkommensteuer-Vorauszahlung, für Selbstständige, Gewerbetreibende etc.
✓ Die Kapitalertragssteuern

Bei Ledigen oder auch dauerhaft Getrenntlebenden besteht eigentlich nur die Gefahr einer Nachzahlung, wenn ihr während des Bezugs eures Elterngelds nebenbei noch ein überdurchschnittlich hohes steuerpflichtiges Einkommen hattet. Zum Beispiel aus Mieteinkünften oder Ähnlichem.

Wenn ihr als Paar gemeinsam veranlagt seid, dann solltet ihr genauer hinschauen. Falls beide Elternteile bis zur Geburt sehr gut verdient haben, müsst ihr aufpassen. Wenn einer von euch den Höchstbetrag an Elterngeld bezieht, der andere in Steuerklasse 3 wechselt und weiterhin gut verdient bzw. bei Selbstständigkeit, die Einkommensteuer-Vorauszahlungen herabsetzen lasst., kann es gut sein, dass ihr am Ende eine Nachzahlung leisten müsst. Zusammen veranlagte Paare sollten die Situation genauer prüfen.

Die Fakten auf einen Blick:

✓ Je niedriger euer steuerpflichtiges Einkommen ausfällt, desto kleiner fällt der Progressionsvorbehalt aus.
✓ Paare, die gemeinsam veranlagt sind, bei denen einer sehr gut verdient und der andere ein hohes Elterngeld hat, sollten sich auf die Forderung einer Nachzahlung einstellen.
✓ Legt euch frühzeitig etwas Geld für eine mögliche Nachzahlung zurück, falls der vorherige Punkt auf euch zutrifft.
✓ Damit das böse Erwachen ausbleibt, lasst frühzeitig eure Steuerschuld prüfen.
✓ Plant klug den ersten Bezug eures Elterngeldes. Wenn der Anspruch um den Jahreswechsel startet, überlegt euch, ob es besser ist, die erste Zahlung des Elterngeldes im Vorjahr oder im nächsten Jahr zu bekommen. Stichwort: Nachzahlung der letzten 3 Monate.
✓ Durch den Bezug von ElterngeldPlus kann der Progressionseffekt abgeschwächt werden, da der Betrag auf mehrere steuerliche Veranlagungszeiträume verteilt werden kann.

WIE WIRKT SICH DAS ELTERNGELD AUF DIE RENTE AUS?

Zwar seid ihr als werdende Eltern vermutlich noch sehr weit von der Rente entfernt, dennoch macht es Sinn, sich kurz darüber Gedanken zu machen, wie sich das Elternsein eigentlich auf die Rente auswirkt.

Wer Anspruch auf Elterngeld hat und diesen auch nutzt, kann eine Zeit lang entweder gar nicht oder nur in einem überschaubaren Umfang einer Arbeit nachgehen.

Das bedeutet dann auch, dass ihr keine Beiträge in die Rentenkasse zahlen müsst. Die Elterngeldstelle übernimmt aber in Form von Pauschalbeträgen diese Zahlung und deckt dadurch auch Beiträge für die anderen Sozialversicherungen. Natürlich ist die Abdeckung der Pauschalbeträge aber nur dann gewährleistet, wenn ihr zuvor sozialversicherungspflichtig beschäftigt wart. Dies ist zum Beispiel nicht der Fall bei Selbstständigkeit.

Während du oder ihr euer Kind erzieht und in dieser Zeit Elterngeld bekommt, müsst ihr euch also keine Gedanken darüber machen, dass Rentenzeiten oder -punkte abgezogen werden. Der Bezugszeitraum des Elterngeldes wird bei der Rentenversicherung entsprechend vermerkt.

Allerdings gilt es zu beachten, dass diese Erziehungszeit nur einem Elternteil zugeschrieben werden kann. Meistens erfolgt die Zuordnung automatisch der Mutter. Falls die Punkte dem anderen Elternteil zugeordnet werden sollen, ist der Rentenversicherungsträger hiervon zu unterrichten. Falls ihr euch beide gleichzeitig in Elternzeit begebt und dementsprechend Elterngeld bezieht, müsst ihr eine Entscheidung treffen, wem die Punkte als Erziehungszeit zugeschrieben werden sollen.

Gut zu wissen: Die Mitteilung an die Rentenversicherung kann höchstens 2 Monate rückwirkend erfolgen, ansonsten nur für zukünftige Zeiträume.

Bei Lebenspartnern in eingetragenen Lebenspartnerschaften gibt es Besonderheiten. Ihr könnt euch darüber direkt bei eurer Rentenversicherung beraten lassen.

Minijob

Wenn du während deiner Elternzeit noch zusätzlich einen Minijob ausübst, besteht eine Rentenversicherungspflicht. Deswegen werden dir von dem Einkommen aus deinem Minijob 3,6% abgezogen und an die gesetzliche Rentenversicherung abgeführt. Dein Arbeitgeber führt seinen Anteil ebenfalls ganz normal ab.

Du kannst dich zwar davon befreien lassen, solltest dir aber darüber bewusst sein, dass diese Entscheidung nicht rückgängig gemacht werden kann. Als rentenversicherungspflichtiger Minijobber kannst du so vollwertige Pflichtbeitragszeiten erwerben.

Teilzeit arbeiten, Elterngeld und die Rente

Wenn du während des Bezugs von Elterngeld nicht arbeiten gehst, endet wie bereits beschrieben deine Beitragspflicht zur gesetzlichen Rentenversicherung. Falls du dich aber dazu entscheidest, während deiner Elternzeit auch in Teilzeit arbeiten zu gehen, können deine Rentenansprüche dementsprechend steigen.

Dies ist so lange möglich, bis die Beitragsbemessungsgrenze erreicht wird, weil in diesem Fall von deinem Einkommen anteilig Beiträge an die Rentenversicherung abgeführt werden.

Kindererziehungszeiten

Selbst wenn du kein Elterngeld mehr bekommst, kannst du dir Erziehungszeiten anrechnen lassen. Hierbei handelt es sich um die sogenannte Mütterrente. Bis zu 3 Jahre können als Kindererziehungszeiten durch die Rentenversicherung anerkannt werden. Für diese Zeit wirst du dann als Durchschnittsverdiener angesehen. Bekommst du mehrere Kinder, verlängert sich der Zeitraum der Kindererziehungszeit dementsprechend.

GELDANLAGEN FÜR KINDER

Viele Geldinstitute locken mit Vorteilen, Belohnungen und Prämien für den Abschluss von Geldanlagen für Kinder oder auch Enkelkinder. Doch dabei sollte geprüft werden, was sinnvoll ist und tatsächlich auch die erhoffte Rendite mit sich bringt.

Wer früh für seine Kinder Geld zurücklegen möchte, welches dann beispielsweise zum 18. Geburtstag zur Verfügung gestellt werden soll, hat verschiedene Möglichkeiten.

Bevor eine geeignete Anlage abgeschlossen werden kann, solltet ihr euch die Frage stellen, zu welchem Zweck überhaupt Geld angelegt werden soll. Ist zum Beispiel ein Erbe anzulegen oder soll einfach so gespart werden, soll für Studium und Ausbildung etwas zurückgelegt werden oder sogar für eine spätere Immobilie?

Sobald diese Frage geklärt ist, können verschiedene Möglichkeiten betrachtet werden. Besteht die Absicht, Geld anzulegen, um in naher Zukunft ein größeres Geschenk oder Ähnliches zu ermöglichen, dann ist die beste Anlagemöglichkeit immer noch das Sparbuch oder das Festgeldkonto.

Längere Zeiträume ermöglichen Geldanlagen, welche höhere Zinsen in Aussicht stellen. Je länger das Geld angelegt wird, desto höhere Zinsen sind drin. Hier käme beispielsweise ein Sparbrief in Betracht, welcher über einen Zeitraum von 10 Jahren angelegt wird. Oder eine Aktienanlage.

Der Nachteil hierbei ist allerdings, dass „fest angelegt" auch wirklich fest angelegt bedeutet. Meistens ist hier vor Ende der Laufzeit nichts zu machen.

Aber nicht nur der lange Zeitraum ist zu beachten, sondern auch die Höhe der Anlage. Wenn wir einen Zeitraum von 10 Jahren betrachten, dann kann man ungefähr bei 4% Zinsen einen Gewinn von ungefähr 200 - 400 Euro erwarten, je nach Geldanlage. Das aber erst nach 10 Jahren! Wer also den großen Gewinn erhofft, muss auch dementsprechend viel Geld anlegen. Wer höhere Risiken mit seiner Geldanlage eingeht, kann höhere Renditen, aber dafür möglicherweise auch Verluste erwarten.

So ganz nebenbei gibt es neben Geldanlagen auch anderweitige Anlagen, die dem Kind guttun. So kann die Investition in die Musikschule oder den Sportverein ebenso einen wichtigen Beitrag zur Zukunft leisten.

Hier ist einmal ein Überblick über die fünf besten Geldanlagen für Kinder:

1. Das Tagesgeldkonto ist eine einfache und flexible Möglichkeit zum Sparen. Vor allem von Vorteil ist, dass keine Mindesteinlage notwendig ist. Auch die Höhe und die Regelmäßigkeit sind euch individuell überlassen. So können beispielsweise auch Geldgeschenke zum Geburtstag einfach und unkompliziert eingezahlt werden.

2. Das Festgeldkonto hingegen ist ein wenig unflexibler, dafür bekommt ihr aber höhere Zinsen. Geeignet ist es für höhere und einmalige Einzahlungen, denn anders als beim Tagesgeldkonto können später keine Beträge mehr eingezahlt werden und das über die komplette festgelegte Laufzeit. Diese Variante rentiert sich

frühestens nach drei Jahren und zeigt sich über einen Zeitraum von fünf Jahren als unrentabel.

3. Der Banksparplan ist eine besonders sichere Geldanlage, bei der in regelmäßigen Abständen Beiträge eigezahlt werden. Hierbei handelt es sich um eine flexible Geldanlage, bei der eine bestimmte oder unbestimmte Laufzeit gewählt werden kann. Im Anschluss an eine überschaubare Sperrfrist kann dieser unkompliziert gekündigt werden. Eine Alternative ist der bereits vorgestellte Bausparvertrag.

4. Aktienanlagen erfordern etwas Mut und Interesse für diese Thematik. Dennoch können mit dieser Form der Anlage die höchsten Renditen erzielt werden. Der ETF-Sparplan ist die risikoärmste Variante. Hierbei wird das Geld automatisch in mehrere Aktien angelegt und minimiert somit das Risiko gegenüber der Anlage in eine Aktie. Durch das regelmäßige Einzahlen in einen Sparplan werden im Falle eines Börsentiefs automatisch mehr günstige Anteile gekauft und umgekehrt. Diese Form zahlt sich nur bei einer langfristigen Anlage aus. Eine kleine Variante stellt das Junior-Depot dar. Es hat die Form eines Bankkontos, geführt unter den Namen des Kindes, und enthält Wertpapiere wie Aktien oder Fondsanteile.

5. Immobilien-Crowdinvesting ist eine weitere mittelfristige und renditestarke Anlagemöglichkeit. Dabei investiert, vereinfacht gesagt, eine Gruppe von privaten Anlegern in Immobilienprojekte. Hierbei kann eine Laufzeit von mindestens ein bis 5 Jahren gewählt werden. Dafür gibt es 5 - 7% Zinsen jährlich.

Ausbildungsversicherung, Kinderpolice, Kindervorsorge

Gerne werden von Versicherungsvertretern diese Arten von Versicherungen beworben. Hierbei handelt es sich um eine Form von kapitalbildender Lebensversicherung. Die vereinbarten Laufzeiten sind frei wählbar. Sie sind gleichermaßen bei Eltern und Großeltern beliebt, um die Zukunft des Kindes oder Enkelkindes abzusichern. Nach Ende der Laufzeit, meist ist das der Beginn einer Ausbildung oder des Studiums, werden die Leistungen fällig.

Gut zu wissen: Stirbt der Versicherungsnehmer vor Ende der Vertragslaufzeit, sind die Leistungen trotzdem in voller Höhe auszuzahlen.

Auf den ersten Blick sind durch solche Versicherungen mehrere Leistungen abgedeckt und sie erscheinen deswegen sehr attraktiv, denn es handelt sich sowohl um einen Schutz gegen einen möglichen Tod der Eltern als auch um eine Geldanlage. Oftmals werden sogar zusätzlich weitere Risiken wie Unfälle abgesichert.

Die Verbraucherzentrale rät jedoch davon ab, derartige Leistungen miteinander und in dieser Form zu kombinieren. Lasst euch nicht damit locken, dass auf einen Schlag alles abgedeckt ist. Eine bessere Idee ist es, sich darüber Gedanken zu machen, welche Leistungen ihr benötigt und absichern möchtet.

Das Problem besteht darin, dass der Versicherungsschutz ansonsten nicht passgenau und bedarfsgerecht ausfällt. Dadurch, dass diese Versicherungen so viele Bestandteile enthalten, ist ein Vergleich zu anderen Versicherungen kaum möglich und somit das Preis-Leistungs-Verhältnis nicht objektiv zu bewerten.

Auf der anderen Seite sind sie zusätzlich auch recht unflexibel. So ist es beispielsweise gar nicht so einfach, bereits vor Vertragsende über das Guthaben zu verfügen oder im Falle von Arbeitslosigkeit Raten auszusetzen. Falls ihr es aber doch schafft, bereits vor Vertragsende an das Guthaben zu kommen, so ist dies meistens mit hohen finanziellen Einbußen verbunden. Last but not least werden von der Rendite auch noch hohe Abschluss- und Verwaltungskosten abgezogen.

Falls es euch ein hohes Anliegen ist, im Falle eures Todes euer Kind abzusichern, dann ist es eine bessere Idee, eine spezielle Risikolebensversicherung abzuschließen.

Versicherungen für Eltern und Kind

Bei der Krankenversicherung von Eltern und Kind stellt sich die Frage, ob gesetzlich oder privat krankenversichert. Wenn beide Elternteile zum Zeitpunkt der Geburt einer gesetzlichen Krankenversicherung angehören, dann ist der Nachwuchs in der Regel automatisch ebenfalls über die Gesetzliche mit familienversichert.

In den zwei Monaten nach der Geburt sollte dies dann der Krankenkasse mitgeteilt und entsprechende Geburtsnachweise vorgelegt werden. Das Kind ist bereits ab dem Zeitpunkt der Geburt versichert, was bedeutet, dass selbst wenn die Mitteilung erst später erfolgt, dennoch ein rückwirkender Versicherungsschutz besteht. Die Mitgliedschaft ist im Rahmen der Familienversicherung kostenlos.

Eine weitere Möglichkeit ist die Versicherung über eine private Krankenversicherung. Ohne Weiteres ist dies allerdings nicht realisierbar. Die Grundvoraussetzung ist hierfür, dass das besserverdienende Elternteil bereits einer privaten Versicherungsgesellschaft angehört. Zusätzlich muss eine mindestens dreimonatige Mitgliedschaft bereits vor der Geburt bestanden haben.

Sind diese Voraussetzungen erfüllt, gilt auch hier eine Meldung bei der privaten Krankenkasse mit entsprechenden Nachweisen, spätestens zwei Monate nach der Geburt. Auch hier besteht eine rückwirkende Versicherung. Die Aufnahmebedingungen für Neugeborene werden dahingehend erleichtert, dass keine vorherige Gesundheitsprüfung notwendig ist – vorausgesetzt, die Anmeldung erfolgt bei der gleichen Versicherungsgesellschaft. Das ist dann wichtig zu wissen, wenn das Kind unter schweren Krankheiten leidet. Andernfalls könnten ansonsten höhere Versicherungskosten auf euch zukommen.

Von Vorteil ist hier, dass der Leistungsumfang der Kinderpolice dem der Eltern entspricht. In späteren Lebensjahren ist eine gezielte und flexible Anpassung der Leistungen möglich. Nachteilig ist, dass dafür jedes Familienmitglied einen eigenen Vertrag abgeschlossen haben muss, welcher dann natürlich auch kostenpflichtig ist. Für Selbstständige und Freiberufler bedeutet das, dass sie die Beiträge des Kindes zur privaten Krankenversicherung selbst zahlen müssen. Allerdings können bei der

Steuererklärung höhere Freibeträge geltend gemacht werden.

Gut zu wissen: Für Arbeitnehmer, welche die Voraussetzungen für eine private Krankenversicherung erfüllen und deren Kind ebenfalls darüber mitversichert werden darf, gilt, dass der Arbeitgeber in der Regel einen Zuschuss zahlt. Diese Zuschüsse können durchaus den Umfang des Beitrages für das Kind abdecken. Ein Gespräch mit dem Arbeitgeber lohnt sich also.

Zusätzlich gibt es Voraussetzungen, die erfüllt sein müssen, um überhaupt einer privaten Krankenversicherung angehören zu können. Als Selbstständiger, Freiberufler oder Beamter kann ein Wechsel jederzeit erfolgen. Für Angestellte gilt allerdings, dass eine Einkommensgrenze in Höhe von rund 55 000 Euro zu überschreiten gilt.

Im Krankheitsfall gelten für das Kind die gleichen Bedingungen wie bei den Eltern. Neben der freien Arztwahl können sich Privatversicherte über eine schnelle und nach den neusten Standards ausgerichtete Gesundheitsversorgung freuen. Die Abrechnung erfolgt über die Eltern, welche dann mit der Versicherung zwecks Kostenerstattung abrechnen können.

Das Wichtigste nochmals zusammengefasst:

✓ Sind beide Eltern in einer GKV, dann ist das Kind kostenlos darüber mitzuversichern.
✓ Ist ein Elternteil in einer PKV und verdient mehr, dann wird das Kind mit in der PKV versichert.
✓ Das betreffende Elternteil muss mindestens schon seit drei Monaten in einer PKV versichert sein, um auch das Kind mitversichern zu können
✓ Eine Gesundheitsprüfung entfällt für das Kind in der PKV
✓ Eine Anmeldung muss innerhalb von zwei Monaten nach der Geburt erfolgen und ist dann rückwirkend
✓ In der PKV schließt das Kind einen eigenen Vertrag und ist dann auch zahlungspflichtig
✓ Bei Arbeitnehmern kann der Arbeitgeber einen Zuschuss für das Kind zahlen
✓ Zusätzlich können steuerliche Vorteile geltend gemacht werden.

Reisen mit dem Baby

Wann der beste Zeitpunkt ist, um mit dem Nachwuchs zu verreisen, entscheidet jeder selbst. Dennoch sollte gerade in den ersten Wochen gut überlegt sein, ob man dem Kind eine anstrengende und längere Reise zumuten möchte oder doch lieber erst mal zum Kuscheln und Kennenlernen nutzen möchte. Ein guter Richtwert ist ab dem dritten Monat.

Zunächst müsst ihr zwischen Auslands- und Inlandsreise unterscheiden. Denn gerade für Fernreisen gelten zusätzliche Dinge wie Impfungen und der Antrag eines Reisepasses zu beachten.

REISEN MIT BABY IN BUS, BAHN UND AUTO

Zwar hat das Reisen im Auto einige Vorteile: So müsst ihr euch an keine Abfahrtzeiten halten oder die komischen Blicke aushalten, wenn euer Baby lauthals schreit. Dennoch sind gerade in den ersten drei Monaten längere Reisen mit einem Baby nicht optimal. Die Babyschalen sind ergonomisch nicht einwandfrei und könnten die kleinen Wirbelsäulen stark belasten. Die erste Zeit sollten Säuglinge hauptsächlich im Liegen verbringen.

Beim Reisen mit dem Auto sollte:

✓ Alle 2 – 3 Stunden eine Pause eingelegt werden
✓ Das Baby aus der Schale genommen werden, auch wenn es gerade friedlich schlummert
✓ Die Babyschale niemals hinter einem Airbag platziert werden
✓ Die Babyschale mit dem Kopf zum Sitz platziert werden

Alternativ gibt es auch zugelassene Kinderwagenwannen, die vor allem bei längeren Autofahrten Sinn machen. Allerdings brauchen diese zwei Sitze und schneiden zusätzlich im Crashtest schlechter ab.

Feuchttücher, Wechselwäsche, eine Krabbeldecke für die Pausen sowie Mülltüte für die Windeln sollten natürlich immer dabei sein.

Zugfahrten hingegen mögen vielleicht etwas umständlicher sein, dennoch habt ihr hier die Möglichkeit, euch mehr mit eurem Baby zu beschäftigen. Auch muss das Kind nicht die ganze Zeit in einer Babyschale verbringen, sondern kann bequem im Kinderwagen schlummern.

Für längere Fahrten macht es Sinn, sich einen Platz in einem Familienabteil zu reservieren. Hier sind die Gänge bequemer, ihr findet Wickeltische und in neueren ICEs sogar kleine Spielzimmer.

Wenn ihr allein reist, dann könnt ihr vorher die Möglichkeit in Betracht ziehen, den Koffer per Post vorzuschicken. Dies kostet rund 18 Euro und erspart euch den Stress, euch mit Kinderwagen und Koffer durch den Zug zu quälen. Allerdings müsst ihr gut vorausplanen und bedenken, dass der Koffer ca. 2 – 3 Tage unterwegs ist.

Zusätzlich könnt ihr ein Tragetuch mitnehmen, damit ihr nicht mit dem sperrigen Kinderwagen auf und ab laufen müsst, wenn euer Nachwuchs quengelt.

FLIEGEN MIT DEM BABY

Zwar sind schon ab der 2. Woche bei den meisten Fluggesellschaften Babys erlaubt, dennoch solltet ihr bedenken, dass dann die Ohren eures Kindes noch sehr empfindlich sind. Es macht also Sinn, solche Unternehmungen erst ab dem 3. Monat in Angriff zu nehmen.

Gut zu wissen: Da Babys natürlich nicht selbst einen Druckausgleich vornehmen können, hilf es, dem Kind während Start/Landung die Fasche zu geben oder zu stillen.

Zwar dürfen Kinder bis zu 2 Jahren meistens auf dem Schoss der Eltern mitreisen, dennoch macht es Sinn, dem Kleinen einen eigenen Sitz zu buchen.

Gut zu wissen. Alternativ können auch Babybetten kostenlos reserviert werden, die an die Wand eingehängt werden. Diese sind aber sehr beliebt, frühzeitig nachfragen lohnt sich.

ELTERNGELD UND LANGE VERREISEN MIT DEM BABY

Was ihr in eurer Elternzeit und eurem Elterngeld macht, ist eure Sache. Schließlich ist es die Zeit für euch und eure Familie. Wenn ihr also gut geplant, gleichzeitig Elternzeit und Elterngeld beantragt habt, dann könnt ihr theoretisch auch die ganze Elternzeit hinweg auf Weltreise gehen. Schließlich habt ihr noch die nächsten 20 Jahre Stress, also wenn nicht jetzt, wann dann?

PASS- UND IMPFPFLICHTEN

Wenn ihr ins Ausland reist, braucht nicht nur ihr einen gültigen Pass, sondern auch euer Kind. Normalerweise ist ein einfacher Kinderreisepass ausreichend. Dieser kostet 13 Euro und ihr könnt ihn gleich mitnehmen. Wollt ihr allerdings in die USA oder weiter weg, dann solltet ihr einen elektronischen Reisepass mit Chip beantragen. Das dauert dann ca. 4 Wochen und sollte in eure Planung einbezogen werden. Falls ihr das im ganzen Antragsstress aber vergessen habt, dann könnt ihr einen Expressantrag stellen, der ca. 3 Tage dauert – oder euch direkt am Flughafen einen Passersatz besorgen.

In jedem Fall benötigt ihr ein biometrisches Foto. Falls ihr eine gemeinsame Sorgerechtserklärung besitzt und das andere Elternteil nicht mitreist, benötigt ihr eine Einverständniserklärung.

Wer mit seinem Baby in die Ferne reist, sollte grundsätzlich darauf achten, dass in diesen Ländern keine allzu exotischen Krankheiten lauern. Dies gilt beispielsweise für Malaria und das Dengue-Fieber. Diese Krankheiten sind gerade für Kleinkinder problematisch. Grundsätzlich sollte zuvor mit dem Kinderarzt gesprochen und mit diesem die entsprechenden Impfungen vorgenommen werden. Vergesst dabei auch euch selbst nicht!

Am Ende findet ihr noch eine Checkliste der Reiseapotheke für das Reisen mit Kind.

Eine Haushaltshilfe beanspruchen

In manchen Fällen führen gesundheitliche Probleme dazu, dass der eigene Haushalt nicht mehr alleine geführt werden kann. In diesen Fällen kannst du unter folgenden Voraussetzungen eine Haushaltshilfe beanspruchen:

✓ Du bist krank oder verletzt und kannst dadurch den Haushalt nicht mehr führen oder du bist im Krankenhaus beziehungsweise in der Reha.

✓ Du hast mindestens ein Kind im eigenen Haushalt, dass noch keine 12 Jahre alt ist. Manche Krankenkassen lassen auch Ausnahmen zu, wenn das Kind über 12 aber unter 14 Jahren ist. Wichtig ist auch, dass niemand anderes deine Aufgaben im Haushalt übernehmen kann.

✓ In der Schwangerschaft kannst du auch eine Haushaltshilfe beantragen, ohne dass ein weiteres Kind im Haushalt lebt. Dafür benötigt ihr eine ärztliche Verordnung.

Eine Haushaltshilfe könnt ihr über eure Krankenkasse beantragen. Dafür ruft ihr zunächst dort an und lasst euch die entsprechenden Anträge zusenden. Zum Teil müsst ihr diese dann selbst ausfüllen, zum Teil muss sie euer Arzt ausfüllen. Je nach Krankenkasse unterscheiden sich die Leistungen. Wenn ihr also dort anruft, erkundigt euch direkt danach.

Gut zu wissen: Im Falle eines schweren Unfalls kann auch direkt eine entsprechende Hilfe in Anspruch genommen werden. Die meisten Krankenkassen zeigen sich dahingehend kulant und erstatten die entstehenden Kosten. Voraussetzung ist, dass ihr schnellstmöglich eure Krankenkasse darüber informiert, da sonst die Gefahr besteht, dass ihr auf den Kosten sitzen bleibt.

Checklisten & Co.

Last but not least habe ich euch hier einige Checklisten, Übersichten und Adressen zusammengefasst.

CHECKLISTE, WAS VOR DER GEBURT ZU TUN IST

❑ Arbeitgeber über Schwangerschaft informieren

❑ Elternzeit planen, mit dem Arbeitgeber absprechen und schriftlich beantragen

❑ Elterngeldbezug mit Elternteil absprechen und ggfs. bereits Anträge zusammensuchen

❑ Eventuell Vaterschaftsanerkennung und Sorgerechtserklärung abgeben

❑ Krankenkasse prüfen

❑ Hebamme suchen

❑ Überlegungen zum Geburtsort (Krankenhaus, Hausgeburt oder Geburtshaus) anstellen, ggfs. Besichtigen und anmelden

❑ Anträge für Mutterschaftsgeld einreichen

❑ Sich nach einem Kinderarzt umschauen

❑ Dokumente für die Geburtsurkunde zusammensuchen

❑ Optional könnt ihr euch Gedanken um

- Einen Geburtsvorbereitungskurs machen
- Euch nach einer Kita oder Tagesbetreuung umschauen
- Nabelschnurblut-Einlagerung klären
- Eine Haushaltshilfe machen, bei Bedarf.
- Den zukünftigen Nachnamen des Kindes

CHECKLISTE FÜR DIE ZEIT NACH DER GEBURT

- ❑ Geburtsurkunde beim Standesamt beantragen
- ❑ Eventuell Erklärung über zukünftigen Nachnamen abgeben
- ❑ Innerhalb von drei Monaten Anträge für das Elterngeld stellen, hierzu:
    - × Nachweise über Gehaltsbezüge der letzten 12 Monate oder des letzten Wirtschaftsjahres
    - × Nachweise über Mutterschaftsgeld von der Krankenkasse und Arbeitgeber
    - × Ggfs. Nachweise zu Erklärungen über zukünftige Teilzeitbeschäftigung
    - × Bei Privatversicherten: eventuell Nachweis über Versicherung zu Krankentagegeld
- ❑ Bei der Krankenkasse melden

ELTERNGELDTABELLE FÜR GERINGVERDIENER

Tabelle zur Erhöhung der Ersatzrate für Einkommen von unter 1.000 €

Einkommen vor der Geburt	**Differenz zu 1.000 €**	**2-€-Schritte unter 1.000 €**	**Prozentpunkte Aufschlag**	**Neue Ersatzrate**
340 €	660 €	330	33,0	100 Prozent
400 €	600 €	300	30,0	97,0 Prozent
450 €	550 €	275	27,5	94,5 Prozent
500 €	500 €	250	25,0	92,0 Prozent
550 €	450 €	225	22,5	89,5 Prozent
600 €	400 €	200	20,0	87,0 Prozent
650 €	350 €	175	17,5	84,5 Prozent
700 €	300 €	150	15,0	82,0 Prozent
750 €	250 €	125	12,5	79,5 Prozent
800 €	200 €	100	10,0	77,0 Prozent
850 €	150 €	75	7,5	74,5 Prozent

900 €	100 €	50	5,0	72,0 Prozent
950 €	50 €	25	2,5	69,5 Prozent
1000 €	0 €	0	0	67 Prozent

CHECKLISTE REISEAPOTHEKE FÜR BABYS & KLEINKINDER

❑ Fieberthermometer
❑ Nasenspray
❑ Hustensaft für Kinder
❑ Tabletten zum Lutschen gegen Halsschmerzen
❑ Nurofen-Saft, gegen Fieber und Schmerzen
❑ Augentropfen
❑ Pflaster und kleine Verbände
❑ Einmalhandschuhe
❑ Pinzette, Zeckenkarte oder ähnliches und Nagelschere
❑ Desinfektionsmittel für Kinder
❑ Wund- und Heilsalbe
❑ Kindersonnencreme – ganz wichtig, ausreichend mitnehmen!
❑ Mückenspray oder –mittel für Kinder – ganz wichtig, ausreichend mitnehmen!
❑ Medikamente gegen Reiseübelkeit und Durchfall sowie Elektrolytlösung
❑ Wärmflasche oder Körnerkissen

Infopoint

HEBAMMEN

Hebammen sind rar und heiß begehrt. Macht euch deswegen frühzeitig auf die Suche. Unter https://www.hebammenverband.de/familie/hebammensuche/ könnt ihr euch informieren und Hebammen in eurer Nähe suchen.

DAS FAMILIENPORTAL DES BUNDES

Eine ganz wichtige Informationsquelle ist das Familienportal unter https://familienportal.de/. Hier könnt ihr euch nicht nur über das Elterngeld informieren, sondern euch auch über Änderungen wegen der Corona-Pandemie auf dem Laufenden halten und auch die Anträge für das Elterngeld herunterladen. Diese Seite ist sehr übersichtlich und benutzerfreundlich gestaltet.

BERATUNGSSTELLEN

Die Internetseite https://www.bundesstiftung-mutter-und-kind.de/ informiert über die Antragstellung für Mittel aus der Bundesstiftung. Zudem bietet die Internetseite viele nützliche Informationen rund um das Thema Elternschaft. Ein Blick lohnt sich also. Eine Beratungsstelle, in der ihr nicht nur den oben genannten Antrag stellen, sondern bei der ihr euch auch bei emotionalen, psychischen oder körperlichen Problemen anvertrauen könnt, findet ihr unter https://www.familienplanung.de/beratung/beratungsstelle-finden/. Dazu müsst ihr lediglich euren Wohnort angeben. Die Beratungen sind immer kostenlos! Zu beachten sind lediglich die aktuellen Corona-Schutzbestimmungen.

GEBURTSHÄUSER UND CO.

Geburtshäuser findet ihr unter https://www.netzwerk-geburtshaeuser.de/geburtshaeuser-finden/. Um eine Geburtsstation in einem Krankenhaus zu besichtigen, müsst ihr am besten direkt mit dieser Kontakt aufnehmen und euch über mögliche Besichtigungen des Kreissaals informieren. Für Hausgeburten müsst ihr zuvor mit eurem Arzt und eurer Hebamme sprechen. Bei Risikoschwangerschaften ist davon abzuraten.

SPAREN UND CO.

Über Vor- und Nachteile der Geldanlage für eure Sprösslinge könnt ihr euch auf der Internetseite der Verbraucherzentrale aufklären lassen unter https://www.verbraucherzentrale.de/wissen/geld-versicherungen/sparen-und-anlegen/sinnvoll-fuer-kinder-und-enkelkinder-sparen-52686. Sinn machen auch persönliche Termine, welche bei der jeweiligen Verbraucherzentrale am Wohnort zu erfragen sind. Anträge und weitere Informationen zum Baukindergeld könnt ihr unter https://www.kfw.de/inlandsfoerderung/Privatpersonen/Bestandsimmobilie/Zuschussportal/Online-Antrag-Baukindergeld/ finden.

KINDERGELD UND KINDERZUSCHLAG

Anträge und Merkblätter zum Kindergeld und dem Kinderzuschlag findet ihr unter https://www.arbeitsagentur.de/familie-und-kinder/downloads-kindergeld-kinderzuschlag .

RENTENVERSICHERUNGEN

Die Internetseite der deutschen Rentenversicherung https://www.deutsche-rentenversicherung.de/DRV/DE/Rente/Familie-und-Kinder/Kindererziehung/kindererziehung.html informiert euch tiefer gehend zur Mütterrente und zur Anrechnung der Elternzeit auf die Rente. Zusätzlich findet ihr dort auch die Telefonnummer des Servicetelefons.

Zu guter Letzt

Ein neues Familienmitglied zu erwarten ist eine aufregende Zeit. Dabei ist es egal, ob es euer erstes oder fünftes Kind ist. Formalitäten und Voraussetzungen ändern sich so schnell, dass immer wieder die Angst auftaucht, etwas vergessen zu haben und dadurch Nachteile zu erfahren. Dieser Ratgeber soll eine gute Unterstützung für euch sein und euch die Angst davor nehmen, etwas falsch zu machen.

Vor allem die Zusammenfassung der Beratungs- und Antragsstellen soll euch die Sicherheit vermitteln, dass alles machbar ist und jeder bereit ist, weiterzuhelfen. Zur Not findet ihr auf den Webseiten auch die Kontaktdaten der einzelnen Stellen und könnt diese schnell und unkompliziert anrufen.

Sicherlich gibt es auch diejenigen unter euch, die einfach überfordert sind und weitergehende Hilfe benötigen. Für diesen Fall habe ich euch die Möglichkeit aufgelistet, eine Schwangerenberatungsstelle zu finden. Diese sind nicht nur dafür da, euch zum Thema Schwangerschaft zu beraten, sondern zusätzlich auch, um euch zu unterstützen, falls ihr mit gewissen Anträgen nicht weiterkommt oder auch Probleme mit Behörden auftauchen, die für zunächst unlösbar erscheinen.

In diesem Sinne: Genießt die Zeit in freudiger Erwartung und nehmt euch ebenfalls Zeit, um auch die schönen Seiten kennenzulernen wie die Einrichtung eines Zimmerchens oder auch später die intensive Zeit mit dem neuen Familienmitglied beim Kuscheln und Beobachten.

1. Auflage Mai 2021

ISBN: 9798749016727

Imprint: Independently published

c/o Autorenservice 24

Wenneberg 14

48653 Coesfeld

www.autorenservice24.de

Printed in Poland
by Amazon Fulfillment
Poland Sp. z o.o., Wrocław

92860399R00078